MW00679829

Songs To A Moonstruck Lady

Women In Yiddish Poetry

Selected and Translated by Barnett Zumoff

With an Introductory Essay by Emanuel S. Goldsmith

A TSAR Publication in association with
The Dora Teitelboim Center for Yiddish Culture

Copyright © 2005 The Dora Teitelboim Center for Yiddish Culture
and Dr. Barnett Zumoff

Cover art by Gary Jefferson

Library and Archives Canada Cataloguing in Publication

Songs to a moonstruck lady : women in Yiddish poetry / translated and edited by Barnett Zumoff.

ISBN 1-894770-27-7

1. Yiddish poetry--20th century. 2. Yiddish poetry--20th century--Translations into English. 3. Women--Poetry. I. Zumoff, Barnett

PJ5191.E3S65 2005 839'.113080352 C2005-905464-6

Other Books by the Dora Teitelboim Center for Yiddish Culture

All My Yesterdays Were Steps, Selected Works of Dora Teitelboim
The Last Lullaby, Poetry from the Holocaust
The Four Butterflies (children's)
The Little House (children's)
The Witness Trees
The New Country: Stories from the Yiddish About Life in America
The Jewish Book of Fables, Selected Works of Eliezer Shatynbarg
The Song That Never Died, The Poetry of Mordecai Gebirtig
A Rose Blooms Again
Sereena's Secret, Searching for Home (children's)
Proletpen, America's Rebel Yiddish Poets

TABLE OF CONTENTS

POETIC MUSINGS

PREGNANCY

RELIGIOUS THEMES

ROMANTIC LOVE

WOMEN'S INNER EMOTIONS

YIDDISH

Preface

The Dora Teitelboim Center for Yiddish Culture, the series editor for this volume, is proud to include this book in its highly acclaimed collection of great Yiddish classics. Few volumes touch the spirit and beauty of the mame-loshn (mother tongue) as much as this one does.

Dora Teitelboim was an internationally renowned Yiddish poet whose fiery social motifs sang and wept joys and sorrows and, above all, the love of mankind. Ms. Teitelboim, the poet for whom "the wind itself speaks Yiddish," had a dream of establishing an organization that would promote Yiddish poetry and prose to a new generation of Americans by making Yiddish works more accessible to the American public, thereby cultivating a new harvest of Yiddish educators, writers, speakers, and performers.

The Center continues the dream of its namesake through publishing high quality translations of Yiddish literature, running an annual cultural writing contest, promoting the rich texture and beauty of Jewish culture through lectures and cultural events, Yiddish education, children's programming, and producing documentary film and radio programming. To date, the Center has published eleven highly acclaimed volumes for adults and children.

Yiddish has, for a thousand years, been the language of the troubadour, poet, sweatshop toiler, revolutionary and dreamer. Yiddish became the vehicle of secular Jewish life to give solid footing to a people without territory of their own. Although Yiddish fell victim to an unnatural death as a result of the Holocaust, it is experiencing a renaissance not seen for many years. This book is part of a series unearthing the hidden gems of American Jewish and Yiddish literature. And through this volume, we hope to foster a rising tide of Jewish literary creativity that fuels the perpetual burning of the great beacon of Yiddishkayt.

David Weintraub
Executive Director
Dora Teitelboim Center for Yiddish Culture
www.yiddishculture.org

Translator's Preface
by Barnett Zumoff

This book about women in Yiddish poetry presents two groups of poems: those by women and those about women. I have divided the book into chapters with various titles, and in each chapter the poems all follow one of the various themes, but the overall subject of the book is 'the female experience,' so to speak, and that subject is examined from the differing points of view of women and men.

The female poets describe their experience with an intimate, subjective, often highly emotional intensity, 'from the inside out,' as it were, providing a perspective that the male poets, however gifted, cannot really share. The central subject of the poems by women is love: romantic love, love of children, love of family, and love of Nature. The mood varies from rhapsodical and celebratory to the dark depths of anguish, but a profound empathy pervades most of the poems. The tone is usually cozy, not thunderous, but it is deeply impressive nevertheless.

The male poets, of necessity, comment on women 'from the outside in.' Their female subjects range from the near-diabolical, like Manger's *The Ancient Witch of Endor,* to the heroic, like Sutzkever's *Golda* and *The Teacher Mira*, to the saintly and near-supernatural, like the woman described in Bialik's *My Mother*. Among them, too, love is a frequent subject, but it is often a worshipful, somewhat distant love filled with wonderment and admiration, but usually lacking an intense subjective component. This is perhaps most clearly shown in the poems about their mothers: though the women, too, write about their mothers, the tone of the poems by men is distinctive–without knowing the authors, one can usually distinguish which poems in this category are by men and which are by women.

Yiddish poetry is a major component of one of the world's great literatures. Indeed, the poetry in Yiddish literature occupies even a higher level vis-à-vis other literatures than does the prose. Women poets have been significant contributors to the greatness of Yiddish poetry, probably even more so than in other literatures, such as the English literature. They are, however, less well known and less frequently mentioned, at least among non-scholars, than the male poets. The names of many distinguished male poets, such as Yehoyesh, Avrom Reisen, Mani Leyb, Yankev Glatshteyn, Moyshe-Leyb Halperin, Itsik Manger, Khayim-Nakhman Bialik, and Avrom Sutskever, spring readily to mind. I have included poems about women by all of these, as well as many by other male poets such as Zisho Landoy, Yoysef Rolnik, Khayim Grade, Aaron Glants-Leyeles, Melekh Ravitsh, and Aaron Tseytlin. Among the great women poets whose works I have included in this book are the four mentioned by Professor Goldsmith in his Introduction: Miriam Ulinover, Rokhl Korn, Kadia Molodowsky, and Rajzel Zychlinsky, and several others whose deeply affecting poems are unforgettable: Tsilye Dropkin, Berta Kling, Ana Margolin, Dora

Teitlboim, Rashel Veprinski, Rokhl Fishman, Fradl Shtok, and others. There are also several excellent living women poets whose work augurs well for a future for Yiddish poetry: Shoshana Balaban-Wolkowitz, Rivka Basman Ben-Haim, Gella Schweid Fishman, and Beyle Gottesman-Schaechter.

Translating the poetry of all these great poets has been an uplifting, and at times almost overwhelming, experience for me. Translation in general, especially of poetry, is often problematical. Two famous comments by poets attest to this. Robert Frost, the great American poet, said: "Poetry is what is lost in translation," and Khayim Nakhman Bialik, the great national poet of Hebrew, said: "Reading poetry in translation is like kissing a bride through her veil." Despite this, translating poetry for the general Jewish readership is not just an optional luxury but a profound necessity. Unfortunately, there remain only a handful of people, outside of orthodox *Haredi* circles, who can read literary Yiddish, and the *Haredim*, for ideological reasons, choose not to. Thus, in order that the great Yiddish literature not languish on dusty, unread bookshelves, translation is a moral imperative.

I was inspired to create this anthology by the example of the great critic and anthologist Shmuel Rozhansky, whose *Women in Yiddish Poetry* is an essential source for all who would wish to work in this field, and I was encouraged, indeed urged, to produce the current anthology by my friend, the poet Shoshana Balaban-Wolkowitz. I want to acknowledge and thank these two 'Muses,' and I also want to thank my dear and ever-patient wife, Selma, who encouraged me throughout the long incubation period of this volume. I hope the reader will be entertained, enlightened, and perhaps inspired.

Acknowledgements

Translating the poetry of all these great poets has been an uplifting, and at times almost overwhelming, experience for me. Translation in general, especially of poetry, is often problematical. Two famous comments by poets attest to this. Robert Frost, the great American poet, said: "Poetry is what is lost in translation," and Khayim Nakhman Bialik, the great national poet of Hebrew, said: "Reading poetry in translation is like kissing a bride through her veil." Despite this, translating poetry for the general Jewish readership is not just an optional luxury but a profound necessity. Unfortunately, there remain only a handful of people, outside of orthodox Haredi circles, who can read literary Yiddish, and the Haredim, for ideological reasons, choose not to. Thus, in order that the great Yiddish literature not languish on dusty, unread bookshelves, translation is a moral imperative.

I was inspired to create this anthology by the example of the great critic and anthologist Shmuel Rozhansky, whose Women in Yiddish Poetry is an essential source for all who would wish to work in this field, and I was encouraged, indeed urged, to produce the current anthology by my friend, the poet Shoshana Balaban-Wolkowitz. I want to acknowledge and thank these two 'Muses,' and I also want to thank my dear and ever-patient wife, Selma, who encouraged me throughout the long incubation period of this volume. I hope the reader will be entertained, enlightened, and perhaps inspired.

A final word: I want to acknowledge the help with difficult words and phrases that I received from my colleagues Mikhl Baran, Emanuel Goldsmith, and Chava Lapin, and the excellent, careful reading and correction of the entire manuscript by Henie Hajdenberg. I also want to thank David Weintraub and the Dora Teitelbaum Foundation for facilitating and arranging the publication of this volume.

Barnett Zumoff

Introduction

by Emanuel Goldsmith

Professor of Yiddish and Hebrew Literature
Queens College of the City University of New York

Barnett Zumoff's sensitive, finely wrought collection of translations of Yiddish poems by or about women, which the reader now holds in his hands, invariably leads to reflection on Yiddish-speaking women in Eastern Europe and lands of immigration, from medieval times to the present. Nowhere is the fate and faith of these women more faithfully and magnificently portrayed than in the pages of Yiddish literature in general and Yiddish poetry in particular.

Since its earliest beginnings, Yiddish literature has had an unusually close connection to Jewish women, for whom it has provided religious inspiration and literary entertainment. Among the classics of early Yiddish writing were works primarily, if not solely, directed at women. Secular works, such as the *Bovo-Bukh* and the *Mayse-Bukh*, of the sixteenth and seventeenth centuries respectively, plainly had women in mind. The authors of innumerable moral chapbooks, religious texts, ritual treatises, and biblical paraphrases even more obviously intended their works for the 'daughters of Zion,' for whom religion and scholarship were inaccessible. These writings opened the doors of Jewish religion and culture to the women in Jewish communities large and small, and had a tremendous impact in educating and inspiring them for centuries.

The life of the Jewish woman in traditional Ashkenazic Jewish culture was marked by modesty, piety, and family loyalty. As a girl, she was taught that "the glory of a Jewish daughter is internal," and as a mother, which she became at an early age, she was the living *mezuzah* of the home, safeguarding its integrity and protecting it from the outside world.

Jewish women were the primary providers for their families, since the men were preoccupied with religious study and ritual observance, to which they devoted all of their time and energy. It devolved upon the woman to run the household, raise the children, and support the family, all the while providing a proper environment in which her husband might practice Jewishness so that he and his wife might together be assured of a place in Heaven after they died.

Domestic peace and marital bliss were also the wife's responsibility. It was up to her to ignore her husband's faults for the sake of tranquility in the home. In return, he ignored her overcooking his food in the oven–a sin for which he could technically divorce her. The woman of the house was also responsible for seeing to it that the traditional rules of Jewish piety, including the dietary laws and the Sabbaths and festivals, were strictly observed. She regarded as particularly her province the three mitzvot that were a woman's duty: burning a bit of dough in the oven when she baked the Sabbath loaves, lighting the Sabbath and festival candles, and abstaining from sexual activity for at least seven days following her monthly period, and then visiting the ritual bath for 'purification,' so that she might resume her conjugal responsibilities. Unless she was a maid or a cook married to a worker's apprentice or an indigent shopkeeper or artisan, she spent very little time with her husband; she was indeed *persona non grata* in her husband's masculine religious world. Nevertheless, the task of transmitting Jewishness to the children was primarily her obligation.

Somewhat of a change in the status of the woman accompanied the emergence of the Hassidic movement in Jewish Eastern Europe in the middle of the eighteenth century. Some women donned prayer shawls and phylacteries and were recognized as 'righteous ones,' rebbes and spiritual leaders of their communities, despite protests from the religious establishments, both Hassidic and anti-Hassidic.

The appearance in Eastern Europe of the Haskalah, or Jewish enlightenment (at first rationalistic, later romantic) in the nineteenth century afforded small numbers of Jewish women the opportunity to be educated in modern Jewish schools and to confront the riches of both Jewish and non-Jewish culture, which had heretofore been denied them. But it was the rise of modern Jewish nationalism, in the forms of Socialism and Zionism, that enabled Jewish women to become full-fledged partners in the efforts to restructure the life of the Jewish people, in the Diaspora by means of revolution or in the land of Israel through pioneering. Both enlightenment and nationalism fostered the development of modern Jewish literature in Yiddish, Hebrew, and other languages; the concurrent flourishing of the Yiddish and Hebrew theaters; and the rising field of Jewish education in both Yiddish and Hebrew. In all of these manifestations of social and cultural revival, the participation of women was significant.

In modern Yiddish writing, the moral, spiritual, and emotional capital of generations of Jewish women was utilized by male and female writers alike. The founding father of this literature, Yitskhok Leybush Peretz, championed the liberation of Jewish women in his stories, poems, and plays, as did his protégés Sholem Asch, Avrom Reisen, and Yoysef Opatoshu, among others. Female prose writers, such as Fradl Shtok, Esther Kreitman, Rokhl Korn, Kadia Molodowsky, and Khava Rosenfarb, also deepened the awareness and understanding of the feminine contribution to Jewish civilization. In the realm of poetry, four female writers deserve special mention: Miriam Ulinover, Kadia Molodowsky, Rokhl Korn, and Rajzel Zychlinsky.

Miriam Ulinover was a very religious, wig-wearing young woman of 31 when her book of poems, *Grandmother's Treasure*, was published in 1921. The piety and faith of a shtetl grandmother, which she described, were not her grandmother's but her own (she lived in the metropolis of Lodz and not in a *shtetl.)* Her book was important because of its simple beauty and because it reminded other female poets of the majesty and significance of their religious roots. The poet, who watered her plants twice on Friday to recall that God had provided her ancestors with a double portion of manna on Fridays, was a cultural activist in the Lodz ghetto during the war until she met her death in

Auschwitz in 1944.

Kadia Molodowsky's life in Yiddish literature took her from Poland to the Soviet Union, and from the United States to Israel and back. She made lasting contributions to the short story, the novel, the essay, and children's literature. In the United States,she also founded and edited the literary journal *Svive*. Her most important and original work, however, was in poetry. She was simultaneously the voice of traditional Jewish motherhood and of the struggling modern Jewish woman confronting ideas, emotions, disappointments, and hopes. Her philosophical poems, Holocaust poems, poems about Jerusalem, and children's poems are particularly noteworthy.

Rokhl Korn grew up in the Galician countryside, spent the war years in the Soviet Union, and emigrated to Canada in 1948. Her early stories and poems emphasized rootedness in nature and the landscape of her childhood, while her later work stressed rootlessness and homelessness. Her poetry excels in brevity and the deft utilization of silence. Hers is one of the major lyrical voices in modern Yiddish poetry. Of particular excellence are the poems about her mother, her love poems, and her poems about the Holocaust and the reborn Israel.

Rajzel Zychlinski has been called the most authentic and original of the Yiddish female poets. Born in Poland, she published her first book of poems in 1936; it was followed by six more before she died in Los Angeles in 2001. Her work evolved over the years from the simplest of themes to profound poems of moral indignation, intimacy, and femininity. She empathized with the loveliness of all that is, and extended the caring of her own warm, motherly heart to all of existence. In addition to poems of womanhood, motherhood, loneliness, and nature, she penned remarkably fresh and original poems on Jewish and biblical themes. Her Holocaust poetry is emotional, profound, universal, and elegant.

As we read the poems gathered into this wonderful collection, we recall that all of Yiddish poetry, by men and by women alike, is rooted in the *tkhines*, women's supplicatory prayers, which developed during the Middle Ages, and particularly in the one traditionally recited by Jewish mothers at the close of the Sabbath. Its words echo between the lines of hundreds of Yiddish poems of the nineteenth and twentieth centuries:

> God of Abraham, Isaac, and Jacob—protect your
> people Israel in its time of need. The precious Sabbath
> is departing. May the coming of the new week bring us
> blessing, sustenance, and consolation....

ABOUT MOTHER

On the Doorsteps Mothers Weep

by Soreh Birnbaum

Mothers weep
on the doorsteps,
so Night wraps them
in her wings.

They hang their tears
on every door
where there is a bolt.
Hearts live there, and ravens,
and they laugh at mothers' tears.
Mothers lie on doorsteps
with straying children
like tears.

A storm wind arises,
a whirlwind,
and it blows out
doors and windows,
and the nests
of the wild
black ravens
disintegrate.
The sun starts to shine
in the east,
and mothers' eyes blossom.
Doves warble–
intimations of a bright rainbow.

בײַ די שוועלן

װײנען מאַמעס
בײַ די שוועלן,
הילט זײ נאַכט
מיט אירע פֿליגל.

הענגען זײ
די טרערן אויף
אויף יעדער טיר
וווּ ס'איז אַ ריגל.

װײנען דאָרטן
הערצער, ראָבן —
לאַכט מען פֿון די
מאַמעס טרערן.

ליגן מאַמעס
אויף די שוועלן,
מיט קינדער בלאָנדזשנדע
ווי טרערן.

קומט אַ שטורעמווינט,
אַ ווײכער,
ברעכט ער אויס
טיר און שויבן.

און ס'צעפֿאַלן זיך
די נעסטן
פֿון די ווילדע
שוואַרצע ראָבן.

טוט אַ זון
אַ שײַן פֿון מיזרח,
בליִען־אויף
מאַמעס אויגן.

וואָרקן טויבן
שוין אַ בשׂורה
פֿון אַ העלן
רעגן־בויגן.

My Mother *by Tsilye Dropkin*

My mother,
twenty-two years old,
a widow left with two small children,
decided modestly
not to become anyone's wife anymore.
Her days and years passed by quietly,
as if lit by stingy candle-light.

My mother never became anyone's wife,
but all the many days and years
of nocturnal sighs
from her young and loving being,
from her yearning blood,
I, with my child's heart, understood
and absorbed deeply into myself.
And my mother's hidden, burning yearning,
like an underground spring,
has poured out freely into me.

Now there spurts from me, openly,
my mother's burning,
holy,
deeply hidden
desire.

מײַן מאַמע

מײַן מאַמע,
אַ צוויי און צוואַנציק יאָריקע,
אַן אַלמנה מיט צוויי קלײנינקע קינדער געבליבן
צנועהדיק האָט זי באַשלאָסן
צו קײנעם אַ ווײַב מער נישט ווערן.
שטיל האָבן זיך אירע טעג און יאָרן געצויגן,
ווי פֿון אַ קאַרגן, וואַקסענעם ליכט באַלויכטן.

מײַן מאַמע איז צו קײנעם אַ ווײַב נישט געוואָרן.
נאָר אַלע פֿיל־טעגיקע, פֿיל־יאָריקע,
פֿיל־נאַכטיקע זיפֿצן
פֿון איר יונגן און ליבנדן וועזן,
פֿון איר בענקענדיק בלוט,
האָב איך מיט מײַן קינדערשן האַרצן פֿאַרנומען,
טיף אין זיך אײַנגעזאַפּט.
און מײַן מאַמעס פֿאַרבאָרגענע, זודיקע בענקשאַפֿט
האָט זיך, ווי פֿון אַן אונטערערדישן קוואַל,
פֿרײַ אין מיר אויסגעגאָסן.

איצט שפּריצט פֿון מיר אָפֿן
מײַן מאַמעס זודיקער,
הייליקער,
טיף פֿאַרבאַהאַלטענער באַגער.

My Mother *by Khayim Grade*

With her sunken cheeks and half-closed eyes,
my mother listens to the moaning of her knees:
"All this winter morning
we've been running around in all the markets–
let us sleep now through the night,
next to the wall of sorrow."
And her hand weeps:
"After all, even a bird gets exhausted
from flapping its wings constantly."
Her head droops,
but then she shakes off her dream,
the way a tree shakes off the rain.
Her face smokes, a firepot,
and her hands measure and weigh.
She pleads and calls out
till she dozes off again with half-closed eyes.
Her hand feels around in the cold air
and remains stretched out.

Thus,
a shadow on the snow,
she drags around all day
and into a bit of the night;
she rocks like the spindle of her scale,
back and forth.
Thus,
bent over, with one great hump,
she lazes in the whirling snow
like the apples in her basket
and falls asleep.
Her cheeks glow like coals–
the frost cuts her throat.
In the wind and blowing snow
my mother is sleeping standing up.

מײַן מאַמע

די באַקן אײַנגעפֿאַלן און די אויגן האַלב נאָר אָפֿן,
הערט מײַן מאַמע, ווי עס זיפֿצן אירע קני:
"אַ גאַנצן ווינטערדיקן אינדערפֿרי
אויף אַלע מערק אַרומגעלאָפֿן —
לאָז זשע איצטער אונדז בײַם טרויערוואַנט
די נאַכט דערשלאָפֿן".
און ס׳וויינט איר האַנט:
"אַ פֿויגל ווערט דאָך אויך פֿאַרמאַטערט פֿאָכען, פֿאָכען
מיט די פֿליגל נאָך אַנאַנד".
און ס׳זינקט אַראָפּ איר קאָפּ.
נאָר מײַן מאַמע טרייסלט גיך פֿון זיך דעם דרימל אָפּ,
ווי אַ ביימל טרייסלט אָפּ דעם רעגן.
איר פּנים רייכערט זיך — אַ פֿײַערטאָפּ,
און אירע הענט, זיי מעסטן, וועגן.
זי טענהט אײַן, זי רופֿט,
ביז זי דרימלט ווידער אײַן מיט האַלב פֿאַרמאַכטע אויגן,
עס טאָפּט איר האַנט אין קאַלטער לופֿט
און בלײַבט אַזוי שוין אויסגעצויגן.
אָט אַזוי,
אַ שאָטן אויפֿן שניי,
שאָקלט זי זיך אום אַ גאַנצן טאָג,
ביז אין דער נאַכט אַ שטיק;
זי וויגט זיך, ווי דער שפּינדל פֿון איר וואָג,
אַהין און אויף צוריק.
אָט אַזוי,
אַן אויפֿגעהויקערטע — איין גרויסער האָרב,
פֿילט זי אינעם שנייִקן געדריי,
ווי די עפּל אין איר קאָרב,
און שלאָפֿט.
ווי קוילן גליִען אירע באַקן —
עס שנײַדט דער פֿראָסט אין האַלדז און נאַקן.
אין ווינט און שניי פֿאַרוועיט,
שלאָפֿט מײַן מאַמע שטייענדיקערהייט...

How Did You Get So Smart, Mama?
(fragment)

by Malke Heifetz-Tussman

Where did you get your quiet wisdom, mama?
Your silent gaze is all-knowing.
On your silent lips there always rests
a secret bound up in your silence - -
some sort of silent truth,
which grown children,
even old children,
are still too young to know.

How did you get so smart, mama?

ווי אַזוי ביסטו קלוג געוואָרן, מאַמע?
(פֿראַגמענט)

ווו האָסטו, מאַמע, גענומען די קלוגשאַפֿט די שטילע?
אַלץ ווייסט דײַן שטילינקער בליק.

אויף דײַנע ליפּן רוט כּסדר
אַ סוד אינעם קנופּ פֿון דײַן שווײַגן –
עפּעס אַן אמת אַ שטומער,
וואָס
קינדער גרויסע,
קינדער אַלטע
זײַנען אַלץ יונג צו וויסן.
– – – – – – –
ווי אַזוי ביסטו
קלוג געוואָרן, מאַמע?

Your Mother *by Kehos Kliger*

As I was walking yesterday,
I saw your mother going by,
and, quite deliberately by the way,
I watched her movements with my eye.

And in her apron and her vest
and dress of satin lace,
a countess walking by the rest
at slow and stately pace.

A better word: a princess of renown,
her clothing bright and new,
and all made way for her in town,
which seemed the proper thing to do.

I couldn't tear my eyes away
from princess lovely - - what a sight!
And yet my thoughts had this to say:
that you'll grow still more beautiful - - I'm sure that I am right.

דײַן מאַמע

נעכטן, ווען כ'בין געגאַן אין ישיבֿה,
האָב איך געזען דײַן מאַמען, חנה־ריקל.
און איך (כ'האָב עס געטאָן בכּיוון)
האָב אַ ווײַלע איר נאָכגעקוקט פֿון בריקל.

אין זײַדן טיכל, אין דער קאַסטאָרענער יאַקע,
אין אַ ספּאָדניצע פֿון שוואַרצן סאַמעט,
איז זי געגאַן, ווי אַ גראַפֿיניע טאַקע,
מיט געלאַסענע טריט, דײַן מאַמע.

ניין, נישט קיין גראַפֿיניע, ווי אַ פּרינצעסין,
אין די געקנעפּלטע טופֿליעס פֿון לאַסטיק.
און אַלע האָבן געמאַכט אַ וואַרע אין געסל:
זעט'ס נאָר, קיין עין־הרע, ווי ס'פּאַסט איר.

יאָ, כ'האָב נישט געקאָנט אָפּרײַסן מײַנע בליקן
פֿון דער שיינער פּרינצעסין — דײַן מאַמע,
און כ'האָב געטראַכט, נאָר אַלץ אויפֿן בריקל:
דו וועסט, פֿרומעטל, נאָך שענער זײַן מסתּמא.

My Mother *by Mani Leyb*

My mother is a pretty thing,
as white as any dove.
Her snow-white hair, in two thin strands,
falls down from up above.

In Sabbath clothes of dark black silk
is how she goes around,
and on a chain upon her neck
her bridal medal's to be found.

My mother's eyes–she has green eyes–
are like the sun at rest,
and when she looks in someone's eyes,
that one is doubly blessed.

מײַן מאַמע

מײַן מאַמע איז אַ שײנע און אַ בלײכע
און אַ װײַסע װי אַ טויב;
די האָר װי שנײ — צװײ דינע פּאַסמעס
פֿאַלן פֿון איר הויב.

און שבתדיק, אין זײַד אין שװאַרצן
גײט זי שטענדיק אָנגעטאָן;
אויף אַ גאָלדן קײטל אויף איר האַרצן
איר כלה־מעדאַליאָן.

און אויגן האָט מײַן מאַמע, גרינע אויגן,
גראָז און זון און װאָס רוט;
און אַז זי קוקט אַ מענטשן אין די אויגן,
װערט יענעם מענטשן גוט.

My Mother's Secret

by Peretz Miransky

On Friday, mother would disappear,
with love in her eyes and concern,
and then would later reappear,
exhausted, to bless the candles' burn.

Her embroidered Turkish shawl
she'd don without a single word.
We'd sit staring, one and all–
her destination none had heard.

Friday after Thursday night, we'd feel
clear-eyed and wide awake.
We could smell the finished Sabbath meal
already, even at the morning's break.

The challahs, a delicious treat,
and the well made gefilte fish;
the tsimmes, soup, and roasted meat
all done–just set them on the dish.

We wonder where our mother goes,
and on a busy Friday yet.
Probably our father knows–
for us it is a secret.

Later, after queries and tears,
after smiles mixed with grief,
we found out where she disappears,
all by ourselves. Beyond belief!

Mother's secret, in all clarity,
was not so big and bold.
On Friday she gave secret charity,
gave things away and never told.

There were families, man and boy,
that once had money, quite enough,
but now their happiness and joy
had swum away–times were really rough.

די מאַמעס

די מאַמע פֿלעגט פֿרײַטיק פֿאַרשווינדן
מיט ליבשאַפֿט און זאָרג אין איר בליק
און קומען די שבת־ליכט צינדן
פֿלעגט זי אַ שטאַרק־מידע צוריק.

די טערקישע שאַל, די געהאַפֿטע,
פֿלעגט אָנטאָן די מאַמע אָן רייד
און מיר פֿלעגן בלײַבן פֿאַרגאַפֿטע,
ניט וויסן צו וועמען זי גייט.

ס'פֿלעגט קאָנטיק די מאַמע צעוועקן
דעם פֿרײַטיק נאָך דאָנערשטיק־נאַכט,
ווײַל פֿרײַטיק גאָר פֿרי פֿלעגט שוין שמעקן
דער שבת אַ גרייטער געמאַכט.

די חלות, ווי תּמיד געראָטן,
און בריהדיק אָנגעפֿילט פֿיש,
דער צימעס, די זופּ און געבראָטנס
שוין גרייטע – כאָטש שטעל אויפֿן טיש.

ווּהין גייט אַוועק אונדזער מאַמע
אין פֿרײַטיק פֿאַרנומענעם גראָד?
דער טאַטע ט'געוווּסט ווּ, מסתּמא –
פֿאַר אונדז איז געווען עס אַ סוד.

נאָר שפּעטער נאָך קשיות און טרערן,
נאָך שמייכלען געמישט מיט געוויין,
דעם סוד פֿון דער מאַמעס ניט ווערן
דערוווּסט האָבן מיר זיך אַליין.

דער סוד פֿון דער מאַמען, דער גרויסער,
איז גאָרניט געווען אַזוי גרויס.
זי פֿלעגט פֿרײַטיק מתּן בסתר
גיין טיילן, און ווער זאָגט עס אויס?

They hid their hunger and woe
from neighbors' searching glance,
so none of them would ever know,
God forbid, even by merest chance.

So it was that mother brought
a Friday package to their door,
knocked briefly (let me not get caught!)
and left, to be seen no more.

She didn't want to bring them shame–
shamed enough they'd been till then,
these folks who must, in God's dear name,
accept the help of other men.

On Friday, mother would disappear
to some unknown and secret place,
then back she's come for candles' burn,
with radiant joy upon her face.

עס זײַנען געווען משפּחות,
וואָס זײַנען אַמאָל געווען רײַך,
נאָר הײַנט זײַנען גליקן און ברכות
פֿאַרשוווּמען אַזוי ווי אַ טײַך.

זיי האָבן דעם הונגער באַהאַלטן
פֿון פֿרײַנד און באַקאַנטע, פֿון גאַס,
מען זאָל עס אַפֿילו דורך שפּאַלטן
ניט זען עס, חלילה־וחס.

זיי האָט עס די מאַמע אום פֿרײַטיק
אַ פּעקל געבראַכט צו דער טיר,
אַ קלאַפּ געבן האַסטיק און זײַטיק,
פֿאַרשווינדן, ניט זען זאָל מען איר.

זי האָט ניט געוואָלט זיי פֿאַרשעמען,
געניג שוין פֿאַרשעמט עד־היום
די מענטשן, וואָס דאַרפֿן נאָך נעמען
די הילף פֿון אַ בשׂר־ודם.

ס'פֿלעגט פֿרײַטיק מײַן מאַמע פֿאַרשווינדן,
גיי ווייס צו אַ וואָס פֿאַר אַ פֿליכט.
נאָר שפּעטער בײַם שבת־ליכט צינדן
פֿלעגט שטראַלן מײַן מאַמעס געזיכט.

My Mother

by Peretz Miransky

My mother stands in Sodom still,
a silent willow burned to coal.
Her pray'rs to God her lips ne'er will
speak out—they live on in her soul.

Facing death 'twas mother's choice
to keep her silence, speak no curse.
She felt she heard God's holy voice
in ovens, camps, and even worse.

And when she burned into a coal,
her soul glowed pure and bright.
She hoped her death would cleanse my soul
and bring me to the holy light.

But I'm a lonely sinner still,
and God's name hurts my ears.
I stand in Sodom, always will—
call God to judgment with my tears.

מײַן מאַמע

מײַן מאַמע שטייט נאָך אַלץ אין סדום,
אויף קויל פֿאַרברענט, אַ ווערבע שטומע,
מיט "גאָט פֿון יצחק און אַבֿרהם"
פֿאַרלאָשן אויף די ליפּן פֿרומע.

מײַן מאַמע האָט אין טויטנטאָל
די ווילדסטע רוצחים ניט געשאָלטן.
זי האָט געהערט דײַן ווידערקול
אין קאַלכאויוון, פֿון פֿלאַם צעשפּאָלטן.

און האָט צעפֿלאַקערט זיך — אַ קנויט
אַ ליכטיקע אין ים פֿון פֿײַער;
זי האָט געמיינט, אַז מיט איר טויט
איז זי דעם חוטא, מיך, מטהר...

נאָר איך, איך בין אַ חוטא אַלץ
און שטעכעוודיק אין מיר דײַן שם איז.
איך שטיי אין סדום, אַ זײַל פֿון זאַלץ,
און רוף צום דין דעם דיין־אמת.

My Mother's Lament

by Yosl Mlotek

Through thicknesses of heavy walls,
across the seas and distant lands,
I still can very clearly see
my dear old mother's twisted hands.

I hear my mother's
weeping cries:
"I wonder where
each child's head lies.

"My youngest son, the poet-boy,
is wand'ring through the world, I'm told.
I hope he has a bed at night—
protection from the wind and cold.

"I hope he has a bite to eat
where'er he is, so far away,
and has someone to wash his shirt
to wear to help him face the day."

I hear her sobs—
she's all alone,
and ev'ry tear
falls like a stone.

I miss my old beloved home—
it calls out to my heart.
No man-made fences, boundaries,
can keep the two of us apart.

No mighty walls can bar my heart,
despite the guards with stony will.
The gates give way, I've broken through,
and now I'm at my mother's sill.

And there I find my mother dear,
already turned so old and gray.
She hugs me and she kisses me,
and then these words I hear her say:

דאָס געוויין פֿון מײַן מאַמען

דורך ימים און לענדער,
דורך מויערן און ווענט,
זע איך מײַן מאַמעס
פֿאַרבראָכענע הענט.

הער איך מײַן מאַמעס
געשלוכץ און געוויין;
– ווו בלאָנקען אַרום
מײַנע קינדער אַליין?..

...מײַן ייִנגסטער זון, דער פּאָעט
בלאָנדזשעט אום אין דער ווילד־פֿרעמדער וועלט,
צי האָט ער בײַ נאַכט כאָטש אַ בעט
אויף צו מאָרגנס אַ זויבערע העמד?

איך הער איר געשלוכץ
און כ'פֿאַרנעם איר געוויין,
און ס'פֿאַלט יעדע טרער
אויף מײַן וועג ווי אַ שטיין.

רײַסט זיך דאָס האַרץ מײַנס
צוריק צו מײַן היים –
האַרץ ווייסט פֿון קיין גרענעץ
און קינסטלעכן צוים,

האַרץ ווייסט נישט פֿון מויערן
באַוואַכט פֿון שינעל.
אָט ברעכט עס די טויערן
און כ'בין בײַ איר שוועל –

איך טרעף אָן מײַן מאַמען,
אַלט שוין און גרוי.
זי האַלדזט מיך און קושט מיך
און זאָגט מיר אַזוי:

"My children dear, my life, my heart,
you've flown away like autumn birds.
And only yesterday, it seems,
I rocked you, crooned you soothing words."

And then I weep along with her
and feel my mother's pain, for
well she knows we're still alone–
alone and lonely ever more.

„פֿאַרפֿלויגן, פֿאַרפֿלויגן, ווי פֿייגל אין האַרבסט,
זענט איר, מײַנע קינדער, מײַן לעבן, מײַן האַרץ.
אָט נעכטן ערשט, דוכט זיך, ווי כ'האָב אײַך געוויגט,
געזונגען אײַך לידער פֿון גאָלדענעם גליק".

וויין איך צוזאַמען
מיט מאַמעס געוויין,
פֿון בלײַבן פֿאַראיינזאַמט,
פֿון בלײַבן אַליין.

My Mother

by Yoysef Rolnik

My mother was a small woman,
not young and not pretty.
She walked fast, slightly bent over,
and had two bright, dark eyes.

The last to go to sleep, the first to get up—
she managed through the long prayers standing on her sick feet,
with Siddur in hand; she missed no fast-days.
She was stingy in this world, saving up for the next world.

She seldom sat on a chair doing nothing—
from morning to night she had to prepare meals
for the household, for workers, and for strangers
who had come to the house from afar

like hens to a hand that feeds them grain
and like cows to the steaming tub.
Often she got out of bed in the middle of the night
to heat up the cold oven for the guests.

When I was still a child,
my mother developed her last illness.
She suffered much pain and torment—
Death sawed at her body with a dull saw.

At first we prayed for her to get better,
but God didn't want to save her for us,
and no matter how many doctors and exorcists came,
they couldn't extend her life.

And when God turned His ears away from us,
we didn't raise our hands to Him—
not for ourselves but for our mother's sake,
we called on Death to saw more rapidly.

Though God didn't listen to us,
Death accepted our wailing call.
Mercifully he approached,
strewed handfuls of pimples on her face,[1]
and silenced my mother.

[1] Presumably, smallpox

מײַן מאַמע

מײַן מאַמע איז געווען אַ יידענע אַ קליינע,
ניט יונג אין יאָרן שוין און ניט קיין שיינע.
געגאַנגען איז זי גיך, אַ ביסל אײַנגעבויגן,
און ליכטיקע האָט זי געהאַט צוויי שוואַרצע אויגן.

די לעצטע שלאָפֿן גיין, די ערשטע אויפֿגעשטאַנען,
אויף קראַנקע פֿיס דעם לאַנגן דאַוונען אויסגעשטאַנען
מיט סידור אויף די הענט, קיין תּענית ניט פֿאַרפֿעלט.
פֿון היגער וועלט געקאַרגט, געשפּאָרט פֿאַר יענער וועלט.

און זעלטן איז זי לײדיק אויף א באַנק געזעסן,
האָט פֿון דער פֿרי ביז נאַכט גערדאַרפֿט פֿאַרגרייטן עסן
פֿאַר הויזגעזינד, פֿאַר פּועלים און פֿאַר פֿרעמדע לײַט,
וואָס האָבן זיך צום הויז געצויגן פֿון דער ווײַט,

ווי הינער צו דער האַנט, וואָס וואַרפֿט זיי קערנער צו,
און ווי צום פֿאַרענדיקן צובער אײַלט די קו.
און אָפֿט האָט זי פֿון בעט זיך אויפֿגעהויבן אין מיטן נאַכט
און פֿאַר די געסט דעם אָפּגעקילטן אויוון הייס געמאַכט.

ווען איך בין נאָך געווען אין מײַנע קינדער־יאָרן,
איז מיט איר לעצטער קרענק די מאַמע קראַנק געוואָרן.
זי האָט ייִסורים פֿיל און מאַטערניש געליטן —
דער טויט האָט מיט אַ טעמפּער זעג איר לײַב געשניטן.

מיר האָבן פֿריִער גאָט פֿאַר איר געזונט געבעטן,
נאָר גאָט האָט ניט געוואָלט פֿאַר אונדז פֿון טויט זי רעטן.
און וויפֿל רופֿאים, אָפּשפּרעכער עס זײַנען ניט געפֿאָרן —
זיי האָבן איר פֿאַרלענגערן ניט געקאָנט די יאָרן.

און ווען גאָט פֿון אונדז זײַן אויער אָפּגעווענדט,
שוין ניט צו אים געהויבן האָבן מיר די הענט
און ניט פֿאַר אונדז, נאָר פֿאַר דער מאַמעס וועגן
גערופֿן האָבן מיר צום טויט, ער זאָל שוין גיכער זעגן.

אויב גאָט האָט ניט געהערט, פֿאַרנומען האָט דער טויט
דעם יאָמערלעכן רוף. דערבאַרעמדיקערהייט
האָט ער דערנענטערט זיך און הויפֿנס האָפֿן־זאָמען
אויף איר געזיכט געשפּרייט און אײַנגעשטילט דער מאַמען.

A Letter To Your Mother

by Shloyme Shmulewitz

My child, my son, you're going away—
you've truly been my pride and joy.
With tears and fears I fondly pray
you'll be a loving, faithful boy.

My only child, you're sailing now
across the rolling sea.
The best of health may God allow—
please always think of me.

It's time now for your trip to start—
write each week while we're apart,
to gladden mother's heart.

(Refrain)
Write letters to your mother, son—
don't be late with any one.
Write me soon, my dearest boy—
bring my soul the purest joy.
Each and every simple letter
makes me feel just so much better—
my saddened heart will leap with joy
to read a letter from my boy.

Eight years I've been here all alone—
my boy is gone and far away.
His heart, once soft, is hard as stone—
not one small letter comes my way

He gets along, I don't know how—
how can he live that lonely way?
Things go well there for him now—
and always will, to God I pray.

I've sent him so many letters
but he doesn't seem to care
that not receiving answers is very hard to bear.

(Refrain)

אַ בריוועלע דער מאַמען

1.
מײַן קינד, מײַן טרייסט, דו פֿאָרסט אַוועק,
זע זײַ אַ זון אַ גוטער;
דיך בעט מיט טרערן און מיט שרעק,
דײַן טרײַע ליבע מוטער.

דו פֿאָרסט מײַן קינד, מײַן איינציק קינד,
אַריבער ווײַטע ימען,
אַך! קום אַהין נאָר פֿריש, געזונט,
און נישט פֿאַרגעס דײַן מאַמען...

יאָ, פֿאָר געזונט און קום מיט גליק,
זע יעדע וואָך אַ בריוול שיק,
דײַן מאַמעס האַרץ, מײַן קינד, דערקוויק.

רעפֿריין:
אַ בריוועלע דער מאַמען,
זאָלסטו ניט פֿאַרזאַמען;
שרײַב געשווינד,
ליבעס קינד,
שענק איר די נחמה.
די מאַמע וועט דײַן בריוועלע לעזן,
און זי ווערט גענעזן.
היילסט איר שמערץ,
איר ביטער הערץ,
דערקוויקסט איר די נשמה.

2.
דאָס אַכטע יאָר איך בין אַליין,
מײַן קינד איז ווײַט פֿאַרשוווּמען;
זײַן קינדערש האַרץ איז האַרט ווי שטיין,
קיין איינציק וואָרט באַקומען.

ווי קען מײַן קינד גאָר האָבן מוט,
ווי גייט אים אײַן זײַן לעבן?

A lovely house in far New York,
a heartless man, a man of stone,
he lives in wealth, he need not work.
God favors him, he's not alone—
a charming wife, two children small
with pretty faces, curly hair.
He swells with pride about it all,
but then a letter reaches there:

Your mother died the other day,
ignored by you, I'm sad to say.
She left a note that reads this way:
"Say *Kaddish* prayers for mother, son—
don't be late with any one.
Say them soon, my dearest boy—
give my soul the purest joy.
Even though I'm in the ground,
I still will hear their blessed sound.
Even just a single one
will warm your mother's heart, my son."

עס מוז אים גיין דאָרט זייער גוט;
הלוואַי! זאָל גאָט אים געבן.

כ'האָב אים געשיקט אַ הונדערט בריוו,
און ער האָט נאָך קיין שום באַגריף,
אַז מײַנע ווונדן זײַנען טיף.

רעפֿריין.

3.
אין שטאָט ניו־יאָרק, אַ רײַכע הויז,
מיט הערצער אָן רחמנות,
דאָרט וווינט איר זון — ער לעבט גאָר גרויס,
מיט געטלעכע מתּנות;

אַ שיינע פֿרוי און קינדער צוויי
מיט ליכטיקע געשטאַלטן,
און דאָ ער זיצט און קוועלט פֿון זיי,
האָט ער אַ בריוו דערהאַלטן.

דײַן מוטער טויט, עס איז געשען,
איר לעבן האָסטו איר פֿאַרזען,
דאָס איז איר לעצטער ווונטש געווען:

רעפֿריין:
אַ קדישל דער מאַמען,
זאָלסטו ניט פֿאַרזאַמען;
זאָג געשווינד,
ליבעס קינד,
שענק איר די נחמה.
די מאַמע וועט דײַן קדישל הערן,
אין איר קבֿר גערן,
היילסט איר שמערץ,
איר ביטער הערץ,
דערקוויקסט איר די נשמה.

I'm Becoming My Mother *by Masha Shtuker-Paiuk*

I look into my looking-glass.
Please tell me glass, is that face me?
It seems to me it's come to pass
my mother's face looks back at me.

The wrinkles deep, the tired gaze,
the hair all streaked with gray - -
in years gone by, her later days,
she looked precisely just that way.

But when and how did all this start?
Quite suddenly, it seems to me.
Perhaps I see my mother's face
because of active fantasy.

But no! It's true, it's true!
I see my mother's every line
reflected in my face. "It's you!"
Her tired old face becomes now mine.

מײַן מאַמע װער איך

קוק איך זיך אין שפּיגל אײַן:
זאָג מיר – װיפֿל בין איך אַלט?
ערשט עס קוקט אין אים אַרײַן
גאָר מײַן מאַמעס, איר געשטאַלט.

רונצלען קנײטשן, מיד דער בליק,
אין די האָר שױן פּאַסמעס גרױ –
װי מיט יאָרן לאַנג צוריק
אױסגעזען האָט זי אַזױ.

װען און װי איז עס געשען?
אָט אַזױ זיך – פּלוצעם גאָר?
אפֿשר האָב איך זי דערזען
אָט אַצינד אין דמיון גאָר?

נײן, ס'איז װאָר, ס'איז װאָר, ס'איז װאָר!
כ'זע דער מאַמעס שטריך נאָך שטריך
אױף מײַן פּנים שנײַדיק קלאָר.
כ'װער אַלײן מײַן מאַמע – איך.

Of Course My Mother

by Esther Shumiatsher

Of course my mother won't understand my words
and will read me, from our pedigree,
about bearded grandfathers
with stern gaze
whose scholarship was reputed far and wide,
and grandmothers with ropes of pearls,
with quiet prayers on their lips,
with head-scarves on translucent parchment brows.

So I'll shed tears before them
and my sins will be afraid of their Divine Spirit
and will cling to my neck
and insist on some redress.

"Sins of mine,"
I'll turn my mouth mercifully towards them,
"sins of mine - -
be quiet and God-fearing
like a drop of dew on dried-out, abandoned ground!
Sins of mine - -
hide your faces amid my folds
so my God-fearing, pure grandmothers won't recognize them!
Sins of mine - -
be quiet and careful."
Of course my mother won't understand my words.

אַוודאי וועט מײַן מאַמע

אַוודאי וועט מײַן מאַמע מײַנע ווערטער נישט פֿאַרשטיין
און וועט פֿון יִחוס־בריוו מיר לייענען,
פֿון זיידעס בערדיקע
מיט ווײַסן בליק,
ווען עמענס לומדות ס'האָט געשמט העט ווײַט, אין די מרחקים;
פֿון באָבעס באַפּערלטע,
מיט שטילע תּחינות אויף די ליפּן,
מיט שטערנטיכלעך אויף מאַטע, פֿאַרמעטענע שטערנס.

וועל איך פֿאַר זיי די טרערן מײַנע לאָזן פֿאַלן,
און עס וועלן די זינד מײַנע פֿאַר זייער שכינה זיך דערשרעקן
און קלאַמערן זיך אַרום מײַן האַלדז
און מאָנען שטרענג בײַ מיר אַ תּיקון.

זינד מײַנע! —
זײַט שטיל און פֿאַרזיכטיק,
ווי אַ טראָפּן טוי אויף אויסגעטריקנטן, פֿאַרלאָזטן באָדן!
זינד מײַנע! —
פֿאַרבאַהאַלט די פּנימער אין מײַנע פֿאַלדן,
עס זאָלן אײַך מײַנע גאָטספֿאָרכטיקע, קלאָרע באָבעס נישט דערקענען!
זינד מײַנע! —
זײַט שטיל און פֿאָרזיכטיק.
אַוודאי וועט מײַן מאַמע מײַנע ווערטער נישט פֿאַרשטיין.

When A Mother Dies

by Rajzel Zychlinsky

When a mother dies,
her son perpetuates her face,
hairier, sadder–
more stubborn.
When a mother dies,
her son perpetuates her face.

My Mother's Shoes

by Rajzel Zychlinsky

At night my shoes look at me
with my mother's tired eyes–
the same goals unachieved
and happiness missed.
I climb skyscrapers,
sink down into valleys–
at night I come back
in my mother's shoes,
covered with the patient dust of years.

My Mother And The Oven

by Rajzel Zychlinsky

What did my mother
want from our oven?
She moved it around
every autumn–
dragged the oven from wall to wall,
from corner to corner,
made it higher,
lower–
the white oven stood pale and silent.
The Gentile drank whisky
from a flask
and sang sad Slavic songs.
The clay shone on his big hands–
I was frightened by his shadow on the wall
and by the white shadow of the oven.

שטאַרבט די מוטער

שטאַרבט די מוטער,
טראָגט דער זון איר פּנים ווײַטער,
האָריקער,
טרויעריקער,
אײַנגעשפּאַרטער.
שטאַרבט די מוטער,
טראָגט דער זון איר פּנים ווײַטער.

מײַן מאַמעס שיך

בײַ נאַכט קוקן אויף מיר מײַנע שיך
מיט מײַן מאַמעס מידע בליקן —
די זעלבע נישט־דערגאַנגענקייט
און אויסגעמיטענע גליקן.
איך קלעטער אויף וואָלקן־קראַצערס,
זינק אַראָפּ אין די טאָלן —
בײַ נאַכט קום איך צוריק
אין מײַן מאַמעס שיך
באַדעקט מיטן געדולדיקן שטויב פֿון יאָרן.

מײַן מאַמע און דער אויוון

וואָס האָט מײַן מאַמע
געוואָלט אַרויסכּישופֿן פֿון אונדזער אויוון?
זי האָט אים איבערגעשטעלט
איעדן האַרבסט.
געשלעפּט אים פֿון וואַנט צו וואַנט,
פֿון ווינקל צו ווינקל,
געמאַכט אים העכער,
קלענער —
דער קאַפֿעל־אויוון איז געשטאַנען
בלייך, שטום.
דער גוי האָט געטרונקען בראָנפֿן
פֿון אַ פֿלאַש
און געזונגען לידער סלאַווישע, טרויעריקע —
דער ליים האָט געשײַנט אין זײַנע גרויסע הענט.
מיך געשראָקן האָט זײַן שאָטן אויף די ווענט
און דער ווײַסער שאָטן פֿון דעם אויוון.

ART AND ARTISTS

War of Words *by Shoshana Balaban-Wolkowitz*

Words,words–
they're conducting a war
in him,
in the poet.
Get out!
Get away from me–
you're choking me.
Stop!
My soul
cannot bear any more.
I've caressed you,
made poems from you,
and now......
get away from me!

ווערטער־מלחמה

ווערטער, ווערטער –
זיי פֿירן אַ מלחמה
אין אים, אינעם
פּאָעט.
– אַרויס,
אַרויס פֿון מיר,
איר דערשטיקט מיך.
הערט אויף,
מײַן נשמה קען
אײַך ניט פֿאַרטראָגן
מער.
איך האָב אײַך
געצערטלט,
געמאַכט פֿון אײַך
ליד, און אַצינד...
אַרויס זאָלט איר
פֿון מיר.

Pentimento *by Rivka Basman Ben-Haim*

Painted colors in the picture
come to my dream.
What is their colorful blindness
trying to tell me?
That they're waiting like sick creatures
for the painter's touch to heal them.

Portrait *by Rivka Basman Ben-Haim*

Time
teaches us more
than our eyes,
so don't let wrinkles
spoil a portrait for you.
Take from it
the singing colors of a face–
don't let its aging
bother you.
Bind the sunny years together
like sheaves of grain,
and sing into them
the colors of youth.

* *

How do old folks
look at paintings?
They look for brighter colors
to lead them away
from the shores of evening,
and ask
whether the artist
is still alive.

Pentimento

פֿאַרמאָלענע קאָלירן
וואָס בלײַבן אין בילד
קומען צו חלום.
וואָס וויל זייער פֿאַרביקע
בלינדקייט דערציילן?
זיי וואַרטן ווי קראַנקע
דעם מאָלערס באַריר
זיי זאָלן היילן.

פּאָרטרעט

די צײַט
באַלערנט מער
ווי אויגן.
טאָ זאָלן קנייטשן
דיך ניט שטערן
צום פּאָרטרעט.
נעם אַרויס
די זינגיקע קאָלירן
פֿון אַ פּנים
און זאָל ניט אַרן דיך
דאָס ווערן שפּעט.
דו נעם צונויף
די יאָרן זוניקע ווי גאַרבן
און זינג אַרײַן אין זיי
די ייִנגסטע פֿאַרבן.

***

ווי קוקן אַלטינקע
אויף בילדער?
זיי זוכן העלערע קאָלירן,
וואָס פֿירן זיי אַוועק
פֿון אָוונטיקע ברעגן.

זיי פֿרעגן:
צי לעבט נאָך
דער מאָלער?

The Model *by Rivka Basman Ben-Haim*

That's her,
the gaudily dressed girl
with no joy on her face.

That's her–
the model eternalized
on the painter's canvas,
where her eyes sing of love
with the joy of springtime.
She lets her loves graze
like little lambs
at the feet of her colors.
She who could seduce a world
with her provocative silence–
there she sits alone,
the red wine emptied from her glass,
her fire extinguished,
and stifles her autumnal Why?

* *

A day is dawning,
and the poem drags along
at an old man's pace
toward the bright day.

The sky is blue
and sings its colors to me.
But I am completely with you
in the tear-colored air.

די מאָדעלקע

דאָס איז זי,
די בונט־פֿאַרקליידטע
אָן אַ טראָפּן פֿרייד אין פּנים.

דאָס איז זי,
די פֿאַראייביקטע מאָדעלקע
אין לײַוונטן פֿון מאָלער,
ווו אירע אויגן זינגען פֿרילינגדיק
פֿון ליבע.

די ליבעס אירע
פּאַשעט זי ווי שעפֿעלעך
צופֿוסנס פֿון קאָלירן.
דאָס איז זי,
זי, וואָס האָט געקענט
אַ וועלט פֿאַרפֿירן
מיט איר שווײַגן.
אָט זיצט זי דאָרט אַליין,
דער רויטער ווײַן
איז ניכטער אין איר גלאָז.
מיט אַן אויסגעלאָשן פֿײַער שווײַגט
איר האַרבסטיקער פֿאַרוואָס.

***

עס ליכטיקט אַ טאָג
און עס ציט דאָס ליד
מיט אַמאָליקע טריט
צום ליכטיקן טאָג.

די לופֿט איז פֿון בלויען קאָליר
און זינגט אירע פֿאַרבן צו מיר.
איך בין אין גאַנצן מיט דיר,
אין אַ לופֿט מיט אַ טרערן־קאָליר.

To A Woman Painter

by Rivka Basman Ben-Haim

Don't sell
your early strawberries.
You'll dream about them
when you're old–
they'll look wrinkled
and faded
and tearful.
Don't sell them–
your youthful days are blossoming there.
Don't give them away to anyone.

A Bit Of Green

by Rivka Basman Ben-Haim

Where can I get
a bit of green?
A tree won't give up
its green head.
A little swallow with green feathers
stays a while–
and soon flies away.
A tiny blade of grass
won't tell you
where its green comes from.

O where can I get
a bit of green?

צו אַ מאָלערין

פֿאַרקויף ניט
די יונגע פּאַזעמקעס!
זיי וועלן דיר קומען צו חלום
אין אַלטע נעכט
און וועלן אויסזען
צעקנייטשט,
פֿאַרוועלקט
און פֿאַרוויינט.

פֿאַרקויף זיי ניט,
זיי בלײַען
אין דײַנע יונגע טעג.
גיב זיי קיינעם ניט אַוועק!

גרין אַ קאָפּ

ווּ נעמט מען
גרין אַ קאָפּ?
אַ בוים פֿאַרלירט ניט
זײַן גרינעם קאָפּ.
אַ שוועלבעלע
מיט אַ פֿעדערל
אַ גרינס
איז דאָ –
און באַלד פֿאַרפֿלויגן.
אַ גרעזל
ווי אַ טראָפּן גרויס,
זאָגט ניט אויס
פֿון וואַנען ס'האָט גענומען
זײַן גרין.

ווּ נעמט מען, ווּ,
אַ ביסל גרין?

To A Young Poetess *by Tsilye Dropkin*

What good is it
that your gaze pierces deep into things?
Your heart, your heart is asleep.
And when he came
and you gazed clearly
at him, as at a sun–
what good did it do?
You have to burn three times, like me,
in Hell in the fire of love–
burn long and slowly;
you have to be purified three times
in Hell, like me;
you have to love unwisely, without pride,
love unto death;
then, when you recognize death in love,
then write love-poems!

צו אַ יונגער דיכטערין

וואָס איז דערפֿון, אַז דײַן בליק דרינגט טיף אַרײַן אין זאַכן –
דײַן האַרץ, דײַן האַרץ שלאָפֿט.
און, אַז ער איז געקומען
און דו האָסט מיט קלאָרע בליקן
אַ קוק געטאָן אויף אים, ווי אויף אַ זון,
וואָס איז דערפֿון?
דאַרפֿסט דרײַ מאָל, ווי איך, ברענען אין גיהנום
אויף אַ פֿײַער פֿון ליבע –
לאַנג, לאַנגזאַם ברענען.
דאַרפֿסט דרײַ מאָל, ווי איך,
אין גיהנום געלײַטערט ווערן.
דאַרפֿסט ליבן אָן שׂכל, אָן שטאָלץ,
ליבן ביזן טויט!
דאַן, ווען דו ווערסט דעם טויט
אין ליבע דערקענען,
שרײַב ליבע־לידער!

A Lady Violinist *by Yisroel Emyot*

In the Song of Songs,
a neck like yours
is compared to David's slender tower,
but to what shall I compare my head,
which falls, after all the pains,
into your arms,
your arms that are so preoccupied
by the effort of playing Saint-Saens?

Only when your eyes start to sparkle behind their lashes
can I recognize the flame of your playing.
Your eyes are tired, like my heart,
and your lips murmur into my ear,
so quietly, so softly, so gently,
the unplayed sorrow of Saint-Saens.

צו אַ פֿידלערין

אין שיר־השירים איז אַ האַלדז אַזאַ ווי דײַנע
פֿאַרגליכן צו דודס שלאַנקן טורעם.
נאָר צו וואָס פֿאַרגלײַכן מײַן קאָפּ נאָך אַלע פּײַנען,
וואָס פֿאַלט אין דײַן אָרעם?

דײַן אָרעם וואָס אָפּט אַזוי ניט־הי איז
בײַם אָנשטרענג פֿון שפּילן סען־סענען.
ערשט ווען ס׳נעמען פֿינקלען דײַנע אויגן הינטער ווזעס,
לאָז מיר דעם פֿלאַם פֿון דײַן שפּילן דערקענען.

דײַן אויג איז מיר ווי מײַן האַרץ.
און דײַנע ליפּן שעפּטשען מיר אין אויער
אַזוי שטיל, אַזוי ווייך, אַזוי צאַרט,
דאָס ניט־דערשפּילטע פֿון סען־סענס טרויער.

Notes

by Yankev Glatshteyn

The blonde girl at the harp
is nothing but a disguised robber:
With a glass knife
she decapitates the blue notes
and leaves them twitching in the air,
dying in the air.

And you and I,
who throughout the night
kissed away the weeping of our limbs - -
see how she laughs at us,
the blonde girl at the harp,
and plays a mocking song to us,
right into the broad daylight,
into the fullness of the day.

טענער

דאָס בלאָנדע מיידל בײַ דער האַרף
איז דאָך אַ רויבער אַ פֿאַרשטעלטער:
מיט אַ גלעזערנעם מעסער
האַקט זי אָפּ די בלויע קעפּלעך פֿון די טענער
און לאָזט זיי צאַפּלדיק אין לופֿט,
שטאַרבנדיקע אין לופֿט.

און דו און איך,
וואָס האָבן דורך דער גאַנצער נאַכט
פֿאַרקושט אין זיך דאָס געוויין פֿון אונדזערע גלידער —
זע, ווי ס'לאַכט זיך אויס פֿון אונדז
דאָס בלאָנדע מיידל בײַ דער האַרף,
און שפּילט אונדז אַ חוזק־ליד
ביזן גרויסן טאָג אַרײַן,
ביזן טיפֿן טאָג אַרײַן.

Musical Caprice *by Eliezer Greenberg*

(Song is the soul of the world)

The girl, oh the unknown girl at the piano,
at the open window across the street - -
what does she want from me?
Why does she torture me, day in, day out?
She tears pieces from my heart
the moment she brings her fingers to the keys.
I could swear a *dybbuk* has entered me
when I hear her fingers floating over the keys.
And when she starts to leaf through her notebook,
I am seized by great joy and great fear.

And so, when I saw her today at the window
I wanted to run from my house.
I quickly bolted the door behind me,
but the piano's wail caught up with me on the stairs.
It called me back - - dragged me back into the house.

Now I sit, again ensnared and enchanted,
and I think: I must free myself from her magic web.
I must go to her in her house,
tell her of my constant tension and fear.

But perhaps it's nothing but a caprice,
for if song is really the soul of the world, God's cryptic language,
I'll command her: Play, play His praise and glory,
and let me die quietly, laughing drunkenly at your feet.

קאַפּריז מוזיקאַל
(געזאַנג איז די נשמה פֿון דער וועלט)

דאָס מיידל, אוי, דאָס אומבאַקאַנטע מיידל בײַם קלאַוויר,
בײַם אָפֿענעם פֿענצטער, קעגן איבער דער הויז:
וואָס האָט זי זיך פֿאַרלייגט אויף מיר?
וואָס פּײַניקט זי מיך גאַנצע טעג?
זי רײַסט מיר שטיקער האַרץ אַרויס
ווי נאָר זי רירט די פֿינגער אירע צו צו דעם קלאַוויר.
איך וואָלט געשווירן, אַז אַ דיבוק איז אַרײַן אין מיר,
ווען איך דערהער די פֿינגער אירע שוועבן איבער די קלאַווישן!
און ווען זי נעמט דאָס נאָטנבוך אירס מיטן —
כאַפּט מיך אָן אַ פֿרייד אַ גרויסע און אַ גרויסע שרעק.

דערפֿאַר, ווען איך האָב זי אין פֿענצטער הײַנט דערזען,
האָב איך געוואָלט אַוועקלויפֿן פֿון הויז.
איך האָב אויף שנעל נאָך זיך פֿאַרהאַקט די טיר —
האָט אָבער אויף די טרעפּ מיך אָנגעיאָגט ס'געוויין פֿון דעם קלאַוויר.
ס'האָט מיך צוריקגערופֿן, צוריק אין הויז געשלעפּט.

איצט זיץ איך ווידער שוין פֿאַרכּישופֿט און דערשעפּט,
און טראַכט: איך מוז באַפֿרײַען זיך פֿון אירע כּישוף־נעצן!
איך מוז אַרויף צו איר אין הויז!
איר אויסדערציילן פֿון מײַן שטענדיקער געשפּאַנטקייט און
מײַן שרעק!..
נאָר אפֿשר איז דאָס גאָר נישט מער ווי אַ קאַפּריז,
ווײַל אויב געזאַנג איז טאַקע די נשמה פֿון דער וועלט,
גאָטס רמזימדיקע שפּראַך,
וועל איך באַפֿעלן איר: — שפּיל, שפּיל זײַן רום און שבֿח,
און לאָז מיך אויסגיין שטיל אין שיכּרות־געלעכטער בײַ דײַנע פֿיס!..

Last Night I Felt *by Rokhl Korn*

Last night I felt a poem on my lips,
a juicy fruit with hard-edged rind.
It flew away at dawn's first light–
left its aroma in my mind.

I hear the stammer of the things
that should have come to words in it,
but stand abandoned, hearts clamped shut,
beyond entreaty, oaths, or wit.

With every limb in frozen death,
with down-bowed head I cry,
for God bade me to do Creation
and I have failed Him, who knows why.

The light of day is fading now–
the paper withers in my barren hand.
God's face He hides from me with clouds,
and in my house of shame I stand.

כ'האָב היינט ביי נאַכט

כ'האָב היינט ביי נאַכט געפֿילט אַ ליד אויף מיינע ליפּן –
עס איז געווען ווי אַ פּרי זאַפֿטיק־זיס און האַרב,
נאָר עס איז אויסגערונען אין מיין בלוט ביים טאָגס באַגין,
און ס'גייען מיר בלויז נאָך זיין ריח און זיין פֿאַרב.

זיין שטילן ציטער הער איך אַלץ אין שטאַמלעניש פֿון זאַכן,
וואָס האָבן דורך דעם ליד געזאָלט נתגלה ווערן;
זיי שטייען איצט פֿאַרלאָזטע, מיט פֿאַרמאַכטע הערצער,
און ס'קענען זיי מער נישט עפֿענען קיין בעטן און באַשווערן.

ס'וויינט מיט פֿאַרפֿירטן טויט אין מיר אַיעדער אבֿר,
און ס'איז מיין קאָפּ געבויגן אבֿלדיק צו דר'ערד;
עס האָט מיך גאָט גערופֿן באַנייען דעם בראשית,
און איך – איך האָב זיין שטים פֿאַרפֿעלט און נישט דערהערט.

פֿאַרוויאַנעט איז דער טאָג שוין אין זיין פֿריסטער שעה,
און אין מיין האַנט עקרהדיק וועלקט ס'ווייסע בלאַט פּאַפּיר.
ס'האָט מיט אַ כמאַרע גאָט פֿאַרשטעלט פֿאַר מיר זיין פּנים,
און ווי אַ פֿרעמדע שטיי איך איצט ביי מיין פֿאַרשעמטער טיר.

On The Other Side Of The Poem

by Rokhl Korn

On the other side of the poem is a meadow
on which there is a straw-thatched house.
Standing near, three silent pines–
standing quiet as a mouse.

On the other side of the poem is a bird,
all yellow-brown with breast of red.
It flies here every wintertime–
its color crowns a bush that's dead.

On the other side of the poem is a path–
it's sharp and thin, a hairline slit,
and someone barefoot, lost in time,
now softly walks the length of it.

On the other side of the poem, wonders be,
even on a dull, dark day
that pulses, wounded, 'gainst the pane,
its fevered longing to display.

On the other side of the poem, mama may come out
and stand on the doorstep thoughtfully–
then call me home, just as of old:
"Enough of games, come home to me!"

פֿון יענער זײַט ליד

פֿון יענער זײַט ליד איז אַ סאַד פֿאַראַן
און אין סאַד אַ הויז מיט אַ שטרויענעם דאַך.
עס שטייען דרײַ סאָסנעס און שווײַגן זיך אויס,
דרײַ שומרים אויף שטענדיקער וואַך.

פֿון יענער זײַט ליד איז אַ פֿויגל פֿאַראַן,
אַ פֿויגל ברוין־געל מיט אַ רויטלעכער ברוסט.
ער קומט דאָרט צו פֿליִען יעדן ווינטער אויף ס'נײַ
און הענגט ווי אַ קנאָספּ אויף דעם נאַקעטן קוסט.

פֿון יענער זײַט ליד איז אַ סטעזשקע פֿאַראַן,
אַזוי שמאָל און שאַרף ווי דער דין־דינסטער שניט,
און עמעץ, וואָס האָט זיך פֿאַרבלאָנדזשעט אין צײַט,
גייט דאָרט אום מיט שטילע און באָרוועסע טריט.

פֿון יענער זײַט ליד קענען וווּנדער געשען
נאָך הײַנט, אין אַ טאָג, וואָס איז כמאַרנע און גראָ,
ווען ער דופּקט אַרײַן אין דעם גלאָז פֿון דער שויב
די צעפּיבערטע בענקשאַפֿט פֿון אַ וווּנדיקער שעה.

פֿון יענער זײַט ליד קען מײַן מאַמע אַרויס,
און שטיין אויף דער שוועל אַ ווײַלע פֿאַרטראַכט
און מיך רופֿן אַהיים, ווי אַ מאָל, ווי אַ מאָל:
– גענוג זיך געשפּילט שוין, דו זעסט נישט? ס'איז נאַכט.

BIBLICAL THEMES

Leah *by Yankev Adler*
(fragment)

When my father led me to your tent
and ordered me, strictly, to enter,
I trembled like a mimosa-leaf.
Forgive me , Jacob—forgive me for obeying!
It was not my idea, my wish,
to take Rachel's place—and yet, and yet....
My lord! It is hard to find the right words
to tell you gently and softly enough—
to draw you a picture
of the half-withered and half-extinguished hope
that smiled to me, as through a fog.

If you had only known how much I loved you,
my love for you would surely have won something from you—
at least a weakly responsive sigh of love,
like a distant echo of a faint chord.

O that time!
When the morning light revealed my face to you,
you cursed, denigrated, and insulted me,
trampled the holiest, the most precious things in me,
laughed at my love.
You treated me like common dust and garbage,
as if you were a mighty king,
and I, like no more than slippers on your feet,
hated you with a deadly hatred!

Fear not, Jacob—the hatred has gone away.
From the hatred, my love has flamed up even more strongly.
Just as the thirsty sun, with its fiery lips,
bends down from Heaven and drinks its fill,
so you drank your fill with your kisses,
thinking they were Rachel's lips.

* * *

Zilpe, come here! My lord has left.
Come here and take off
my white wedding-dress.

לאה
(פֿראַגמענט)

ווען ס'האָט מײַן פֿאָטער מיך צו דײַן געצעלט געפֿירט
און מיט אַ שטרענגן טאָן געהייסן מיך אַרײַנגיין,
האָב איך ווי אַ מימאָזע־בלאַט אַ ציטער געטאָן.
פֿאַרגיב מיר, יעקבֿ, פֿאַרגיב מיר, וואָס איך האָב געפֿאָלגט!
ס'איז ניט פֿון מיר געווען דער געדאַנק, דער ווונטש
צו פֿאַרנעמען רחלס אָרט — און דאָך...
מײַן האַר! ס'איז שווער צו געפֿינען די ריכטיקע ווערטער,
וואָס זאָלן זײַן איידל און ווייך גענוג, צו מאָלן פֿאַר דיר
די האַלב פֿאַרוועלקטע און האַלב פֿאַרלאָשענע האָפֿענונג,
וואָס האָט געשמייכלט צו מיר ווי דורך אַ נעפּל.

וואָלסטו וויסן נאָר ווי שטאַרק איך האָב געליבט דיך,
זיכער וואָלט מײַן ליבע פֿון דיר וואָס געווונען,
כאָטש איין שוואַכן ענטפֿערדיקן ליבעס־זיפֿץ,
ווי אַ ווײַטער עכאָ אויף אַ שוואַכן אַקאָרד.

אָ יענע צײַט!
ווען ס'האָט דאָס מאָרגן־ליכט מײַן פּנים דיר געוויזן,
און דו האָסט מיך געשאָלטן, דערנידערט און באַליידיקט,
צעטראָטן דאָס הייליקסטע, דאָס טײַערסטע אין מיר,
מײַן ליבע אויסגעלאַכט;
מיך צו פּראָסטן שטויב און מיסט געמאַכט,
ווי דו וואָלסט אַ מעכטיקער קעניג געווען,

און איך, ווי שטעקשיך נאָר אויף דײַנע פֿיס —
דאַן האָב איך דיך מיט אַ טויטלעכער שׂינאה געהאַסט!
ניט שרעק זיך, יעקבֿ, די שׂינאה איז אַוועק!
פֿון דעם האָס האָט נאָך מײַן ליבע שטאַרקער אויפֿגעפֿלאַמט!
אַזוי ווי פֿונעם הימל נייגט זיך אַרונטער
די דאָרשטיקע זון
מיט אירע פֿײַערדיקע ליפּן, און זי טרינקט זיך אָן,
אַזוי האָסטו מיך מיט דײַנע קושן אָנגעטרונקער,
מיינענדיק דאָס זײַנען רחלס ליפּן.

***

זילפּה, קום! מײַן האַר איז אַוועק.
קום אַהער און צי אַראָפּ פֿון מיר
דאָס ווײַסע חתונה־קלייד.

The blue oleander-blossoms, the white myrtle,
the green myrtle-leaves, the fresh figs, the citrons,
the skins of wine, the pomegranates, and the juicy grapes
were prepared for Rachel!
Not one kernel, not the smallest bunch of flowers,
not one drop of wine, not one drop of honey,
not one crumb of rye- or wheat-bread is for me—
everything, everything is for Rachel!
Soon, soon, in the short time of less than an hour,
my sister will come to take her place
here in this tent.

Zilpe! The two of us will be rattling around in a barn
that he prepared for me far, far from his tent.
When cool, bright nights come
and bring with them fresh mountain breezes,
we will rattle around, forgotten,
in the barn on the shore of the river....
I must leave!
And you, Zilpe, must go with me.
Come! You must lead me to the door,
for I am blind from crying all day today,
and my eyes still carry heavy, full wells
of hot unshed tears.
Take my hands in yours and make them warm.
Look at them tremble—feel how cold they are.
Zilpe!
Help me, help me pray to God
to give me a child before I die—
a child to nestle at my breast
and bring joy to my heart.
If God accepts my prayer and your prayer
and gives me a child,
maybe another miracle will happen
and a billow of love, or at least a weak bubble
of tender love that my lord will feel for the child,
may extend to me.
O Zilpe!
Help me pray to God!

די בלויע אַליענדאַרן־בלומען, די ווײַסע מירטן,
די גרינע הדסים, די פֿרישע פֿײַגן, די ציטראָנען,
די לאָגלען ווײַן, די מילגרוימען און די זאַפֿטיקע טרויבן
זײַנען אָנגעגרייט פֿאַר רחלען!

קיין איין קערנדל, קיין מינדסט בלומען־שטענגל,
קיין טראָפּן ווײַן, קיין איין טראָפּן האָניק,
קיין איין ברעקל קאָרן אָדער ווייצן־ברויט איז פֿאַר מיר;
אַלץ, אַלץ פֿאַר רחלען!
באַלד, באַלד, אין דער קורצער צײַט פֿון נאָר איין שעה,
וועט קומען מײַן שוועסטער פֿאַרנעמען איר אָרט
אָט אין דעם געצעלט.

זילפּה! מירביידע וועלן וואַלגערן זיך אין אַ שײַער,
וואָס ער האָט אָנגעגרייט פֿאַר מיר ווײַט, ווײַט פֿון זײַן געצעלט.
ווען ליכטיק קילע נעכט וועלן קומען
און ברענגען מיט זיך פֿרישע בערג־ווינטן,
פֿאַרגעסענע וועלן מיר זיך וואַלגערן אין שײַער,
וואָס שטייט אויפֿן ברעג פֿון טײַך
מיט אַן אָפֿענער טיר צו שטילן וואַסער...
איך מוז גיין!
און דו, זילפּה, מוזסט גיין מיט מיר צוזאַמען.
קום! דו מוזסט מיך פֿירן צו דער טיר;
ווײַל בלינד בין איך פֿון וויינען הײַנט דעם גאַנצן טאָג,
און ס'טראָגן נאָך די אויגן שווערע, פֿולע קוואַלן
פֿון הייסע, נאָך נישט קיין אויסגעוויינטע טרערן.
נעם אָן מײַנע הענט אין דײַנע און מאַך זיי וואַרעם;
זע ווי זיי ציטערן, פֿיל ווי קאַלט זיי זײַנען.
זילפּה!
העלף מיר, העלף מיר גאָט צו בעטן,
ער זאָל אַ קינד מיר שענקען איידער נאָך איך שטאַרב —
אַ קינד, וואָס זאָל נעסטן בײַ מײַן ברוסט
און מײַן האַרץ דערפֿרייען.
אויב גאָט וועט פֿאַרנעמען מײַן געבעט און דײַן געבעט
און שענקען מיר אַ קינד,
וועט אפֿשר נאָך אַ נס געשען
און ס'וועט אַ ליבעס־פֿאַליע, אָדער כאָטש אַ שוואַכער וואַל
פֿון צערטלעך גוטער ליבע, וואָס מײַן האַר וועט פֿילן
צו דעם קינד, אויך צו מיר אַריבער — — —
אָ, זילפּה!
העלף מיר מתפלל זײַן פֿאַר גאָט!

The Madonna In The Subway *by Aaron Glants-Leyeles*

Across from me in the subway sat the madonna.
Her legs were crossed
and she was reading a tabloid.
She read about a cashier who jumped into the river–
her fiance had left her with a swelling belly.

The madonna put lipstick on her mouth
and continued to bite the burning coal of tragedy.
The madonna stroked her snakeskin shoes
and continued to lament
the drowning of the cashier.

My gaze tick-tocked
and the madonna's eyelids heard.
Her two oblong eye-sockets turned
their suede depths and secrets toward me,
and I understood what she was saying,
the words she was speaking only to me
in the subway:

"In Galilee, once upon a time,
the carpenters, shoemakers, and tailors,
the fishermen, moneylenders, and thieves
needed a Savior and a God.
So I opened my virginal loins
and, in a dark hour, received into my womb
the needy seed of one whose name I still don't know–
a soldier, a stranger, an angry man, a slave of the emperor;
a fisherman with hands callused from pulling on his net
or just some vagabond who happened to whisper just then:
'My God!'

I can only tell you I got with child.
Oh, there are nights when the spirit stabs my guts
like a vulture's beak
and wraps itself around me like a snake.
There are black, open-hearted nights
that sense the demands of virginal loins.
It was the Spirit of God,
because soldiers and fishermen and vagabonds
demanded a Savior, a God."

די מאַדאָנע אין סאָבוויי

קעגן מיר אין דעם סאָבוויי איז געזעסן די מאַדאָנע,
פֿאַרלייגט אַ פֿוס אויף אַ פֿוס
און געלייענט אַ טאַבלאָיד.
געלייענט ווי אַ קאַסירשע האָט זיך געטאָן אַ טוק און אַ טויך —
איר חתן האָט זי פֿאַרלאָזן מיט אַן אויפֿגעגאַנגענעם בויך.
די מאַדאָנע האָט מיט איר ליפּשטיפֿט באַשמירט איר מויל
און ווײַטער געביסן אין דער ברעניקער קויל
פֿון טראַגעדיע.
די מאַדאָנע האָט אַ גלעט געטאָן איר שיכל פֿון שלאַנגישער הויט
און ווײַטער באַיאָמערט דעם שלונדיקן טויט
פֿון דער קאַסירשע.

טיק־טאַק האָט געקלאַפּט מײַן בליק.
דער מאַדאָנעס אויגנדעקלעך האָבן דערהערט
און צוויי לענגלעכע היילן האָבן געטאָן אויף מיר אַ קער
זייער זאַמשענע טיפֿקייט, זייער היימלעכן סוד,
און איך האָב פֿאַרנומען אָט די רייד דער מאַדאָנעס,
די רייד, וואָס זי האָט גערעדט בלויז צו מיר
אין דעם סאָבוויי:
אין גליל, דעמאָלט אין גליל,
האָבן די סטאָליערס, די שוסטערס, די שנײַדערס,
די פֿישערס, די מלוות, די גנבֿים
אַ רעטער באַדאַרפֿט און אַ גאָט.
האָב איך געעפֿנט מײַנע בתולישע לענדן.
און אין אַ טונקעלער שעה — אויפֿגענומען אין מײַן טראַכט
דעם באַדערפֿטיקן זאָמען פֿון דעם, וואָס כ׳וויס נאָך אַלץ נישט
זײַן נאָמען.
אַ זעלנער, אַ פֿרעמדער, אַ בייזער, אַ קנעכט פֿון דעם קייסער,
אַ פֿישער מיט הענט אין קרעץ פֿון שלעפּן די שטריק פֿון זײַן נעץ,
צי אַזוי אַ בראָדיאַגע, וואָס האָט גראָד דעמאָלט געפּרעפּלט:
מײַן גאָט!
איך קאָן דיר נאָר זאָגן, כ׳בין פֿאַרגאַנגען אין טראָגן.

אָ, פֿאַראַנען נעכט ווען ס׳שטעכט דער גײַסט דײַן אינגעווייד,
ווי קאָרשונס שנאָבל,
און פֿלעכט דיך אַרום ווי אַ שלאַנג.
פֿאַראַן שוואַרצע, אָפּנהאַרציקע נעכט, וואָס אָנען

The madonna powdered her nose
(which was noble and thin)
and spoke further:

"From the distant dazzle
and bright call,
from the obvious sorrow
in my heavy body,
painters and poets dream up
my portraits down through the ages.
From the flowering Spring
in fields and forests,
hands stretch out and pray:
'Grant it to us!'
Eyes plead throughout the years.
In the crush of reality
in the streets and subways,
people still yearn for wonders,
though they no longer believe in His birth.
One day I will cast off the nets
that enfold and fetter me,
and I'll slake your thirst
with my nakedness.
And hear this:
it will be like that great destiny,
then, in Galilee."

The madonna spoke much longer–
longer, more heatedly, and faster.
But I–I couldn't understand any more.
Amid the pious flutter,
the open-hearted moons and suns approached
and I sensed the movement of God's spirit within me,
like a rabbit or a snake or a bird.

דאָס מאָנען פֿון בתולישע לענדן.
ס׳איז געווען דער גײַסט פֿון גאָט,
ווײַל זעלנער און פֿישערס און בראָדיאַגעס
האָבן געמאָנט אַ רעטער, אַ גאָט.

די מאַדאָנע האָט באַפֿודערט איר נאָז און קין,
(איר נאָז איז געווען נאָבל און דין)
און האָט ווײַטער גערעדט:
פֿון ווײַטן בלענד
און ליכטיקן רוף.
פֿון נאָנטן טרויער
אין שווערן גוף
חלומען אויס מאָלער און פּאָעטן
מײַנע פּאָרטרעטן דור נאָך דור.
פֿון אַמאָליקן צוויטיקן פֿרילינג
אויף פֿעלדער, אין וועלדער,
שטרעקן הענט זיך: באַוויליק!
בעטן אויגן
דורך דער לענג און ברייט פֿון יאָר.
אין געוואָרגענער וואָר
אויף גאַסן, אין סאָבוויס,
בענקען מענטשן אַלץ נאָך דעם ווונדער,
כאָטש זיי גלייבן נישט מער אין זײַן געבוירן.
אָ, איך וועל אַ מאָל וואַרפֿן פֿון זיך די געוועבן
וואָס וויקלען מיך, פּענטן אַרום,
און מיט נאַקעטקייט
אָנטרינקען אײַער דאָרשט.
און הער:
ס׳וועט זײַן ווי יענער גרויסער באַשער
דעמאָלט, דעמאָלט אין גליל.

די מאַדאָנע האָט גערעדט נאָך לאַנג,
נאָך לאַנג און הייס און גיך.
נאָר איך — כ׳האָב שוין מער נישט פֿאַרנומען.
אין פֿלאַטער אין פֿרומען האָט געגעבט דאָס קומען
פֿון אָפּנהאַרציקע לבֿנות און זונען,
און כ׳האָב געשפּירט ווי עס רירט זיך גאָטס גײַסט אין מיר
ווי אַ האָז, ווי אַ שלאַנג, ווי אַ פֿויגל.

Abishag *by Yankev Glatshteyn*

Abishag, dear young little Abishag–
shout into the street: King David is not yet dead!
But King David wants to sleep and they won't let him.
Adoniyahu[2] and his troops are already shouting the crown off my
gray head.
Fat Bathsheba blesses me with eternal life
and guards my last words with a sly smile.

Sleep, my King. The night is still. We are all your slaves.

Abishag, little village girl Abishag,
throw my crown into the street–
let anyone catch it who wants to.
My long-dead power wails in my every finger,
and my kingly, repulsive old age now reigns only over you.
David the King has lost all his servants–just one remains.

Doze off, my King. The night is dead. We are all your slaves.

Abishag, sad little Abishag,
a tiny kitten thrown into the cage of an old, toothless lion.
My old age is fated to pass away in the lap of your mournful youth.
My victorious wars are but puddles of blood in my memory,
and how long has it been now since maidens praised me in song?

Rest, my King. The night is still. We are all your slaves.

Abishag, dear little Abishag,
fear is coursing through my limbs.
Can one stumble onto the path to God through puddles of blood?
Will the quiet songs of my pious hours sustain me at the crossroads?
After all, Abishag, songs are more real than sins.

Dream, my King. The night is dead. We are all your slaves.

Abishag, warm young little Abishag,
shout into the street: King David is not yet dead.
But King David wants to die and they won't let him.
Throw out my crown—-let anyone catch it who wants to.
Let Adoniyahu or Solomon[3] rule the people,
and let me, in my repulsive old age,
rule over you in my last days.

אַבֿישג

אַבֿישג, קליינע, יונגע, וואַרעמע אַבֿישג.
שרײַ אויס אין גאַס אַרײַן: קעניג דוד איז נאָך ניט געשטאָרבן.
נאָר שלאָפֿן וויל קעניג דוד און מען לאָזט ניט.
אַדניהו מיט זײַן באַנדע שרײַען שוין די קרוין אַראָפּ פֿון מײַן גראָען קאָפּ.
די פֿעטע בת־שבֿע בענטשט מיך מיט אייביק לעבן און היט מײַנע לעצטע
ווערטער מיט אַ כיטרען שמייכל.

שלאָף מײַן קעניג. די נאַכט איז שטיל. מיר זענען אַלע דײַנע קנעכט.

אַבֿישג, קליינע דאָרפֿישע אַבֿישג.
וואַרף מײַן קרוין אין גאַס אַרײַן, זאָל זי כאַפּן ווער עס וויל.
ס'יאָמערט געשטאָרבענע מאַכט אין יעדן פֿינגער מײַנעם.
איבער דיר אַליין בלויז הערשט איצט די קעניגלעכע דערווידערדיקע
עלטער.
דוד דער קעניג האָט אַלע זײַנע דינער פֿאַרלאָרן. מיט איין דינסט
פֿאַרבליבן.

דרימל מײַן קעניג. די נאַכט איז טויט. מיר זענען אַלע דײַנע קנעכט.

אַבֿישג, קליינע, טרויעריקע אַבֿישג.
אַ קליינטשיק קעצעלע אין שטײַג פֿון אַלטן ציינערלאָזן לייב געוואָרפֿן.
ס'איז באַשערט מײַן עלטער אויסצוגיין אין שויס פֿון דײַנע קלאָגנדיקע
יונגע יאָרן.
מײַנע זיגרײַכע מלחמות זענען בלויז קאַלוזשעס בלוט אין מײַן זכרון.
און ווי לאַנג ערשט האָבן יונגפֿרויערן באַזונגען מיך אין לידער.

רו מײַן קעניג. די נאַכט איז שטיל. מיר אַלע זענען דײַנע קנעכט.

אַבֿישג, קליינע, האַרציקע אַבֿישג.
ס'וואָגלט די מורא אין אַלע מײַנע גלידער.
קען מען דורך קאַלוזשעס בלוט צו שטעגן געטלעכע דערבלאָנדזשען?
בײַם שיידוועג, וועלן מיר בײַשטיין דען די רויִקע געזאַנגען פֿון מײַנע
פֿרומע שעהען?
אַבֿישג, ס'זענען דאָך געזאַנגען וואָרהאַפּטיקער פֿון זינד.

חלום, מײַן קעניג. די נאַכט איז טויט. מיר זענען אַלע דײַנע קנעכט.

Sleep, my king—dawn is breaking. We are all your slaves.

[2] One of David's sons
[3] Another of David's sons, and his ultimate successor

אַבֿישג, קליינע, יונגע וואַרעמע אַבֿישג.
שרײַ אויס אין גאַס אַרײַן: קעניג דוד איז נאָך ניט געשטאָרבן.
נאָר שטאַרבן וויל קעניג דוד און מען לאָזט ניט.
וואַרף אַרויס מײַן קרוין — זאָל זי כאַפּן ווער עס וויל.
אַדניהו צי שלומה איבערן פֿאָלק. און איך איבער דיר די לעצטע טעג מיט
מײַן דערווידערדיקער עלטער.

שלאָף אײַן, מײַן קעניג, ס'טאָגט שוין באַלד. מיר זענען אַלע דײַנע קנעכט.

Rachel Goes To The Well For Water *by Itsik Manger*

Rachel stands before her glass
and braids her long, black hair.
Then she hears her father cough
and gasp upon the stair.

To her sister, Rachel calls:
"Daddy's here–come quick and look!"
Leah comes right to the door,
but first she hides her trashy book

Leah's face is pale and drawn,
her eyes all red with tears.
Rachel says: "You've read enough–
you'll ruin your eyes, I fear."

Rachel takes the water-jug
and to the well goes out.
The lovely weather's blue and mild–
it makes one want to sing and shout.

She walks across the wide, green field–
a little rabbit rushes by.
Chirik! A lonely cricket chirps
out in the grass up to her thigh.

An ear-ring shimmers in the sky,
a golden ear-ring in the air.
"If only there were two of them,
I'd really love to have the pair."

A piper whistles next to her;
Tri-li, tri-li it peeps.
The evening air now smells of hay
for all the grazing cows and sheep.

She runs–it's late. The Bible says:
"A guest is waiting at the well."
The cat has washed its face today–
an omen: guests will come today, it tells.

רחל גייט צום ברונעם נאָך וואַסער

רחל שטייט בײַם שפּיגל און פֿלעכט
אירע לאַנגע שוואַרצע צעפּ,
הערט זי ווי דער טאַטע הוסט
און סאָפּעט אויף די טרעפּ.

לויפֿט זי גיך צום אַלקער צו:
"לאה! דער טאַטע! שנעל!"
לאה באַהאַלט דעם שונדראָמאַן
און ווײַזט זיך אויף דער שוועל.

דאָס פּנים בלייך און אויסגעצאַמט,
די אויגן רויט און פֿאַרוויינט.
"לאה, מאַכסט פֿון די אויגן אַ תּל,
גענוג שוין פֿאַר הײַנט געלייענט".

און רחל נעמט דעם וואַסערקרוג
און לאָזט זיך צום ברונעם גיין.
די דעמערונג איז בלאָ און מילד,
כאָטש נעם און כאַפּ אַ וויין.

זי גייט. און איבערן טונקעלן פֿעלד
בליצט שנעל פֿאַרבײַ אַ האָז.
– טשיריק! – אַ למד־וואָווניקל
טשירקעט אין טיפֿן גראָז.

און אויפֿן הימל שעמערירט
אַן אוירינגל פֿון גאָלד:
"ווען ס׳וואָלטן כאָטש געווען צוויי,
איך וואָלט איך זיי געוואָלט".

אַ פֿײַפֿל פֿײַפֿלט אין דער נאָענט:
טרילי, טרילי, טרילי –
און ס׳שמעקט מיט דעמערונג און היי
פֿון אַלע שאָף און קי.

She runs and runs, and there above–
a golden ear-ring in the air.
"If only there were two of them,
I'd really love to have the pair."

זי לויפֿט. שוין שפּעט. אין חומש שטייט:
בײַם ברונעם וואַרט אַ גאַסט —
די קאַץ האָט זיך געוואַשן הײַנט
און זי האָט הײַנט געפֿאַסט.

זי לויפֿט און ס'פֿינקלט איבער איר
דאָס אוירינגל פֿון גאָלד:
ווען ס'וואָלטן כאָטש געווען צוויי,
אײַ וואָלט זי זיי געוואָלט.

The Ancient Witch Of Endor *by Itsik Manger*

The ancient witch of Endor–
she asks her tomcat so:
"How does Your Dark Black Excellence?
And how's your wife? I'd like to know."

And to the bright green parrakeet,
who's flapping in his cage:
"A cube of sugar, chatterer–
just take it and forget your rage."

And to the big, white rooster,
with fiery bright red comb:
"What see you, prophet, in the night?
Perhaps a trav'ler coming home?"

The rooster sharply flaps his wings,
a one, a two, a three–
the clouds hang there above the woods,
a leaden presence o'er the trees.

The ancient witch of Endor,
she thinks: "It's strange, you see,
that even I, the prophetess
am in the Bible. Really! Me!"

A walker walks and asks the wind
where I, the witch, bed down.
His shadow walks along with him,
just like a Shakespeare clown.

The walker walks, just shuffling by,
through woods and past the trees.
He is, of all of Samuel's men,
the lonesomest you'll see.

The ancient witch of Endor,
she thinks: "It's strange, you see,
that even I, the prophetess,
am in the Bible. Really! Me!"

My pack of cards lies on my desk

די אַלטע מכשפֿה פֿון עין־דור

די אַלטע מכשפֿה פֿון עין־דור
זאָגט צו דעם קאָטער אַזוי:
„וואָס מאַכט אײַער שוואַרצע עקסעלענץ
און וואָס מאַכט אינס ליבע פֿרוי?"

און צו דעם גרינעם פּאַפּוגאַי,
וואָס פֿלאַטערט אום אין שטײַג:
„אַ פּלעצל צוקער, דו פּלאַפּלער דו,
נו נאַ און נעם און שווײַג".

און צו דעם גרויסן ווײַסן האָן
מיטן פֿײַער־רויטן קאַם:
— וואָס זעסטו, נבֿיא, אין דער נאַכט?
אַ גייער מן־הסתּם.

דער האָן קלאַפּט מיט די פֿליגל שאַרף
איינס און צוויי און דרײַ —
די וואָלקנס הענגען איבערן וואַלד
שווער און גראָ ווי בלײַ.

די אַלטע מכשפֿה פֿון עין־דור
טראַכט: אַ מאָדנע זאַך,
אַפֿילו איך, די טרעפֿערקע,
שפּיל אַ ראָלע אין תּנ"ך.

אַ גייער גייט און פֿרעגט דעם ווינט,
צי ווייסט ער ווו איך ווין.
זײַן שאָטן ווי אַ שעקספּיר־קלאָון
שפּילט זיך מיט זײַן קרוין.

אַ גייער גייט אַוועק. ער שאַרט זיך שאַרט
דורך דעם געדיכטן וואַלד.
אין גאַנצן שמואל הנבֿיא־שפּיל
די איינזאַמסטע געשטאַלט.

and knows this melancholy thing:
there is no solace in the cards
for spades or for their black-faced King.

The rooster sharply flaps his wings,
a one, a two, a three–
the clouds hang there above the woods,
a leaden presence o'er the trees.

די אַלטע מכשפֿה פֿון עין־דור
טראַכט: אַ מאָדנע זאַך,
אַפֿילו איך, די טרעפֿערקע,
שפּיל אַ ראָלע אין תּנ"ך.

מײַן פּעשל קאָרטן ליגט אויפֿן טיש.
און דאָס פּעשל קאָרטן ווייסט,
אַז פֿאַרן טרויעריקן מלך פּיק
איז מער נישטאָ קיין טרייסט.

דער האָן קלאַפּט מיט די פֿליגל שאַרף
איינס און צוויי און דרײַ,
די וואָלקנס הענגען איבערן הויז
שווער און גראָ ווי בלײַ...

Abishag Writes A Letter Home

by Itsik Manger

Abishag sits in her little room
and writes a letter home:
"Regards to my dear old mother
and to the old linden tree."
She sees both old creatures often
in her dreams.

"Regards to the miller-boy
who works in the mill."
She still thinks fondly
of the shepherd Oizer's piping.

King David is old and pious,
and she herself is a nothing;
she's the king's hotwater bottle—
she warms him in his bed.

She had thought—but who cares
what a village girl thinks.
More than once at night
she quietly weeps about her fate.

True, the wise men say
she's doing a good thing.
They even promise her
a mention in the Bible,
a mention about her youth
and her youthful body—
a line of ink on parchment
with the whole truth.

Abishag puts down her pen;
her heart is strangely heavy.
A tear drops from her eye
and falls upon the letter.

The tear washes away 'dear old mother,'
and 'the old linden tree' as well,
and in the corner there's a quiet sob
in a tender maiden's dream.

אַבֿישג שרײַבט אַהיים אַ בריוו

אַבֿישג זיצט אין איר חדרל
און שרײַבט אַהיים אַ בריוו:
אַ גרוס דער טאַלעקע מיט שאָף –
זי שרײַבט און זיפֿצט אָפּ טיף.

אַ גרוס דער אַלטער מאַמעשי
און דעם אַלטן ליפּעבוים;
זי זעט די בײדע אַלטע לײַט
אָפֿט מאָל אין איר טרוים.

אַ גרוס דעם שײנעם מילנערױנג
וואָס אַרבעט אין דער מיל –
דעם פֿאַסטעך עוזר, איר זאָל זײַן
פֿאַר זײַן פֿײַפֿלשפּיל –

דער מלך דוד איז אַלט און פֿרום
און זי אַלײן איז "עט",
זי איז דעם מלכס וואַרעמפֿלאַש
וואָס וואַרעמט אים דאָס בעט.

זי האָט געמײנט... נאָר מאַלע וואָס
אַ דאָרפֿיש מײדל מײנט...
זי האָט נישט אײן מאָל אין די נעכט
איר גורל שטיל באַוויינט.

אמת, סע זאָגן קלוגע לײַט,
אַז זי טוט אַ ווילע זאַך.
זײ זאָגן איר אַפֿילו צו
אַ שורה אין תּנ"ך.

אַ שורה פֿאַר איר יונגן לײַב
און פֿאַר אירע יונגע יאָר.
אַ שורה טינט אויף פּערגאַמענט
פֿאַר אַ גאַנצער וואָר.

אַבֿישג לײגט אַוועק די פֿען,
איר האַרץ איז מאָדנע שווער,
פֿון אירע אויגן קאַפּעט, פֿאַלט
אויפֿן בריוו אַ טרער.

די טרער פֿאַרמעקט די 'מאַמעשי'
און פֿאַרמעקט דעם 'ליפּעבוים'
און אין אַ ווינקל כליפּעט שטיל
אַ צאַרטער מײדלטרוים.

Eve And The Apple-Tree

by Itsik Manger

Eve stands before the apple-tree
in the red sunset.
What do you know, Mother Eve,
what do you know about death?

Death is the apple-tree
that bends down its weary limbs,
the evening-bird on the tree
that sings its evening song.

Adam left at dawn–
he's gone alone to the forest.
Adam says: "The forest is wild,
and everything wild is beautiful."

But Eve's afraid of the forest–
she's drawn to the apple-tree.
And if she doesn't go to it,
it comes to her in her dreams.

It rustles and bends down to her.
She hears the words "It's fated–
forget what He, the great He,
warned you about."

So Eve tears off an apple
and feels strangely light-hearted.
She circles round the tree, enraptured,
like a giant butterfly.

And even He, who forbade her the tree,
says: "It's lovely,"
and holds back the great sunset
for a moment.

"Don't cry, lovely apple-tree–
you rustle and sing within me,
and you are stronger
than the words that warn me about you."

חוה און דער עפּלבוים

חוה שטייט פֿאַרן עפּלבוים —
דער זונפֿאַרגאַנג איז רויט.
וואָס ווייסטו, מוטער חוה, זאָג,
וואָס ווייסטו וועגן טויט?

דער טויט דאָס איז דער עפּלבוים
וואָס בייגט די צווײַגן מיד,
דער אָוונט־פֿויגל אויפֿן בוים
וואָס זינגט זײַן אָוונטליד.

אָדם איז אַוועק פֿאַר טאָג
אין ווילדן וואַלד אַליין.
אָדם זאָגט: "דער וואַלד איז ווילד
און יעדער {ווילד} איז שיין".

נאָר זי האָט מורא פֿאַרן וואַלד —
זי ציט צום עפּלבוים.
און קומט זי נישט צו אים צו גיין,
קומט ער צו איר אין טרוים.

ער רוישט און בייגט זיך איבער איר —
זי הערט דאָס וואָרט 'באַשערט'.
פֿאַרגעס וואָס 'ער' דער גרויסער 'דער',
וואָס ער האָט דיר פֿאַרווערט.

און חוה רײַסט אַן עפּל אָפּ
און פֿילט זיך מאָדנע גרינג,
זי קרײַזט פֿאַרליבט אַרום דעם בוים,
ווי אַ גרויסער שמעטערלינג.

און 'ער', וואָס האָט דעם בוים פֿאַרווערט,
ער זאָגט אַליין: "ס'איז שיין",
און האַלט נאָך אויף אַ רגע אויף
דאָס גרויסע זונפֿאַרגיין.

And Eve, with both arms,
embraces the apple-tree,
and above its crown
the pious stars tremble.

דאָס איז דער חלום יעדע נאַכט,
טאָ וואָס זשע איז די וואָר?
און חוה פֿילט ווי ס'טרערט דער בוים
אַראָפּ אין אירע האָר.

"וויין נישט, שיינער עפּלבוים,
דו רוישסט און זינגסט אין מיר
און דו ביסט שטאַרקער פֿונעם וואָרט,
וואָס וואָרנט מיך פֿאַר דיר".

און חוה נעמט דעם עפּלבוים
מיטביידע הענט אַרום,
און איבער דער קרוין פֿון עפּלבוים
ציטערן די שטערן פֿרום...

CHILDREN

Elegy On The Death Of A Young Girl

by Benyomen Yankev Bialostotski

She flies no longer over roofs,
a dove at play in evening skies.
All dressed and combed she's lying still.
Beneath the yellow sands she lies,
beneath the earth of Richmond Hill,
the dried-out earth of her new land.

O useless tears, restrain your flow—
your saddened cries now you must save.
She left her house just hours ago,
but now lies in her early grave.

O children, seven-year-old ones,
just know that seven is not eight.
You blue-eyed ones and dark-eyed too,
your playmate dear has met her fate,
has closed her eyes, won't play with you.

עלעגיע אויפֿן טויט פֿון אַ יונג מיידעלע

ניין, זי פֿליט ניט איבער דעכער,
טויב אין אָוונטיקן שפּיל.
צוגעפּוצט און צוגעקאַמט,
ליגט זי אונטער געלן זאַמד,
אין דער ערד, אין ריטשמאָנד־היל.

ערד פֿאַרלאָשענע פֿון ניי־לאַנד —
טרער אומזיסטע, וואַרג זיך, וואַרג!
ערשט אַ פֿלי געטאָן פֿון שטוב —
אויסגעוואַקסן אין אַ גרוב,
אויסגעוואַקסן אין אַ באַרג.

קינדער, קינדער זיבניעריק,
זיבן, זיבן איז ניט אַכט.
אויגן שוואַרץ און אויגן בלאָ,
אײַער חבֿרטע ניטאָ,
האָט די אייגעלעך פֿאַרמאַכט.

Mischief-Making Boys *by Shoshana Chenstokhovsky*

Some little mischief-making boys
are standing at my door.
"Just look how very small she is,"
that's what they say and more.

So what if I'm not very tall!
Someday I'll grow some more,
for all I need's a good strong rain,
a big, for-real downpour.

For everyone has known for years
about the good old summer rain:
it makes the children grow and grow,
all tall and pretty, not just plain.

On one fine day a rain begins - -
I stand outside, the drops to get.
I stand there long enough to be
just simply dripping, soaking wet.

And then the sun comes out to shine - -
so bright and clear and fair.
I spread apart my little dress
and soon there's no more wetness there.

I run right home to measure up
against the big, tall door.
And - - Ooh! I think I really have
now grown a wee bit more.

שטיפֿערדיקע ייִנגעלעך

שטיפֿערדיקע ייִנגעלעך
שטייען פֿאַר מײַן טיר.
– זעט נאָר, זעט, ווי קליינטשיק!
שפּאָטן זיי פֿון מיר.

– בין איך נישט קיין גרויסע –
וועל איך וואַקסן נאָך;
כ׳וואַרט נאָר אויף אַ רעגן,
אויף אַ וואָלקנבראָך!

און פֿון זומער־רעגן,
ווייסט מען דאָך שוין לאַנג,
וואַקסט מען ווי אויף הייוון:
הויך און שיין און שלאַנק.

גייט אַ רעגן ליבער,
שטיי איך אויף דער גאַס,
ביזן לעצטן פֿאָדעם
אָפּגעצוואָגן, נאַס;

ביז ס׳שײַנט־אויף דער הימל
לויטערדיק און העל,
שפּרייט איך אויס דאָס קליידל –
אויסגעטריקנט שנעל.

כ׳לויף מיך באַלד צו מעסטן
צו דער הויכער טיר –
אוי, אַ שטרײַכל, דאַכט זיך,
צוגעקומען ז׳מיר!

I'll Run Away *by Tsilye Dropkin*

I'll run away from all of you
to my little boy - -
from all of you,
with thirsty, hot looks
or cool gaze,
with the faces of friends or enemies,
to his radiant face
to rock him to sleep,
to cover him quietly,
or even
to wake him softly,
barely touching him with a kiss.
"Mama!"
"Your, your, your mama!
You alone have a claim on me."

In a still, dark circle
beside my child's cradle
I'll save myself
from all of you.

איך וועל אַנטלויפֿן

איך וועל אַנטלויפֿן פֿון אײַך אַלעמען
צו מײַן קליינעם ייִנגעלע —
פֿון אײַך אַלעמען,
מיט דאָרשטיק הייסע,
מיט קאַלטע בליקן,
מיט פּנימער פֿון פֿרײַנד און פֿון שׂונאים,
צו זײַן ליכטיקן פּנים,
אים פֿאַרוויגן,
שטיל אים צודעקן,
אָדער גאָר —
שטיל אים אויפֿוועקן,
קוים באַרירנדיק מיט קושן.
"מאַמע!"
— דײַן, דײַן, דײַן מאַמע.
דו אַליין האָסט רעכט אויף איר.

אין אַ שטילן, טונקעלן דיסק,
בײַ דער וויג פֿון מײַן קינד,
וועל איך מיך ראַטעווען
פֿון אײַך אַלעמען.

My Little Girl *by Rivka Galin*

My daughter's just a little girl
with widest bright blue eyes,
but recently the dear sweet girl
is full of tears and sighs.

Her darling dog, a dear sweet thing,
has gone and run away,
and now she cries herself to sleep
and weeps hot tears throughout the day.

Her mother tries to comfort her
with little toys, a little game,
but she is inconsolable - -
keeps calling out his name.

"Your little dog is very bad - -
don't cry, my child, don't cry.
If he had really loved you, dear,
he'd not have left you asking 'Why?'"

My child then stops and thinks a bit - -
her eyes grow full of tears.
She starts to sob and says these words,
soft words one barely hears:

"I know all that, O mother dear,
but I still love him anyway.
I only hope he'll come home soon,
for I'll forgive him any day."

My mother's face begins to blush - -
I whisper to her: "Daughter mine,
the way you feel is right, of course;
when you leave me, I'll also pine."

מײַן מײדעלע

מײַן מײדעלע, אַ קלײנינקע,
מיט גרױסע בלױע אױגן,
איר פּנימל, דאָס זיסינקע,
מיט טרױער איז פֿאַרצױגן.

איר הינטעלע, דאָס ליבינקע,
איז פּלוצעם גאָר אַנטלאָפֿן,
זי װײנט, זי בענקט, די קלײנינקע,
זי קאָן בײַ נאַכט ניט שלאָפֿן.

די מאַמע פּרוּװט זיך טרײסטן זי
מיט צאַצקעלעך, מיט שפּילן.
דאָס קינד איז אָבער אױפֿגערעגט —
מען קאָן עס ניט פֿאַרשפּילן.

— דײַן הינטעלע אַ שלעכטער איז,
ניט װײן, מײַן קינד, ניט װײן!
װען ער זאָל ליבן דיך, געלאָזט
װאָלט ער דיך ניט אַלײן.

אַ װײַלע בלײַבט דאָס קינד פֿאַרטראַכט,
מיט אױגן פֿולע טרערן,
און כליפּענדיק רעדט זי אַרױס
קױם־קױם װאָס מען קאָן הערן:

— איך װײס עס אַלעס, מאַמעשי,
איך ליב עס װי מײַן לעבן,
הלװאַי נאָר קומט ער שױן —
איך װאָלט אים אַלץ פֿאַרגעבן...

דער מאַמעס פּנים רױטלט זיך,
זי שעפּטשעט: "טאָכטער מײַנע,
דו ביסט דאָך ריכטיק טראָפּנס צװײ,
װי די מאַמע דײַנע"...

Outgrowing My Dresses *by Kehos Kliger*

Outgrowing my dresses,
my bras are too small.
I'm growing like weeds,
getting broad, getting tall.

The dress with the hem
I can't wear at all.
Forget all my skirts - -
they're all way too small.

How old am I? Just sixteen years,
whose sixteen springs have gone a-whirl.
But yet she must, my mama thinks,
still treat me like a little girl.

Protect her child? By every means!
But even that's a great big pain.
When it's a girl as old as I,
why must she keep so tight a rein?

Am I a rabbi's daughter then?
Go understand why she's afraid!
I'm bursting out of all my clothes,
and still my heart can't make the grade.

And if I were a rabbi's girl?
Who'd really want to seize the chance?
I've always found it very hard
accepting mama's stance.

To contradict her I don't dare,
for mama's love is very tight,
but she can't hear my poor heart's sobs
amid the darkness of the night.

Outgrowing my dresses,
I'm puffing out so.
My life's bursting out
but they won't let me go!

כ׳וואַקס אַרויס פֿון קליידל

איך וואַקס אַרויס פֿון די קליידלעך,
די סטאַניקעס ווערן ענג:
כ׳יער אַקוראַט ווי אויף הייוון —
אין דער ברייט און אין דער לענג.

ס׳נײַע מיט די גרויסע שליאַרעס
קען איך שוין אויכעט נישט גיין,
איך רייד שוין נישט פֿון די יופּקעס
אַלע זײַנען זיי מיר קליין.

און וויפֿל בין איך אַלט? זעכצן!
שוין זעכצן ווערנעס פֿאַרברענט;
נאָר מ׳דאַרף מיך, מיינט די מאַמוניע,
נאָך טראָגן אַלץ אויף די הענט.

זי היט מיך אָפּ? מהיכא־תּיתי,
אויך דאָס אַ ביסל מיך אַרט,
ווײַל אַ מויד אין מײַנע יאָרן —
פֿאַר וואָס האַלט זי מיך פֿאַרשפּאַרט?

וואָס בין איך, אַ רבּס אַ טאָכטער?
איר מורא גיי און פֿאַרשטיי!
איך פּלאָץ אַרויס פֿון די נאָטן
און מײַן האַרץ פּלאַצט הינטער זיי.

און אַז יאָ אַ רבּס אַ טאָכטער,
ווער וועט זי אויפּכאַפּן, ווער?
מיט דער מאַמען זײַן סאָגלאַסנע
איז תּמיד געווען מיר שווער.

כ׳סמעיע נישט ריידן אַקעגן,
ווײַל די מאַמע האָט מיך ליב
אָבער הערט נישט — מײַן האַרץ כליפּעט,
ווי טעמנאָטע ס׳איז, ווי טריב.

איך וואַקס אַרויס פֿון די קליידלעך,
ווי פֿון הייוון כ׳וואָלט געווען.
דאָס שפּאַרט דאָך אַרויס מײַן לעבן —
און קיינער וויל עס נישט זען.

When The Day Begins

by Berta Kling

When the day begins
and my children,
one by one,
go out of the house
to the dangers of the day,
of the city,
I stand at the door
and pray to You:
"Bring them, God,
back to me,
unhurt
by the day,
by the city."

And when the day is over
and night comes,
and You have
brought my children back
unhurt
after the day,
I thank You, God,
for the wholeness
of my every limb,
for putting my mind to rest.

ווען עס הייבט זיך אָן

ווען עס הייבט זיך אָן דער טאָג
און די קינדער מײַנע
גייען איינציקווײַז
פֿון הויז אַרויס
צו די געפֿאַרן
פֿון דעם טאָג,
פֿון דער שטאָט,
שטיי איך פֿאַר דער טיר
און בעט צו דיר:
— ברענג זיי, גאָט,
צוריק צו מיר,
אומבאַשעדיקט
פֿון דעם טאָג,
פֿון דער שטאָט.

און ווען עס גייט אַוועק דער טאָג,
און עס קומט די נאַכט,
און דו האָסט מײַנע קינדער
מיר צוריקגעבראַכט
אומבאַשעדיקט
נאָכן טאָג —
דאַנק איך גאָט דיר
פֿאַר דער גאַנצקייט
פֿון מײַן יעדן גליד,
פֿאַר די רו פֿון מײַן געמיט.

The Little Girl *by Leah Kopilowicz-Hoffman*

I want to go outside to play,
to smear with mud my every pore,
but mama says: "Stay in the house!"
and quickly locks the door.

I cry. She says: "You 're very bad - -
no groom will give you his good name."
Who needs a groom I've no idea - -
besides, I'd simply die of shame.

די קליינע

כ'וויל אין דרויסן זײַן מיט קינדער
און מיט בלאָטע זיך אָנשמירן.
זאָגט די מאַמע: "מוזסט אין הויז זײַן!"
און זי שליסט באַלד צו די טירן.

שרײַ איך, זאָגט זי: "ביסט אַ שלעכטע,
ס'וועט קיין חתן דיך ניט נעמען".
כ'ווייס ניט, וואָס איך דאַרף אַ חתן –
סײַ ווי וואָלט איך זיך דאָך שעמען!

Girlish Songs

by Zisho Landoy

Oh how my ears are burning—
someone's gossiping about me today.
I really don't regret a thing,
but life is hard, I say.

Only a lovely comfort to me
in my pain will be
the child who'll soon be born.
I hope it's a girl, for me.

When she grows up,
only her I'll tell.
A daughter doesn't judge you—
she'll understand me very well.

מיידלשע געזאַנגען

אוי, ווי ס׳פֿלאַמט מײַן אויער –
ס׳טרײַבט רכילות ווער.
איך באַדויער גאָר נישט,
דאָך ווערט אָפֿט מאָל שווער.

נאָר אַ טרייסט געוועזן
וואָלט מיר אין מײַן פּײַן
ס׳קינד, וואָס דאַרף באַלד קומען,
זאָל אַ מיידל זײַן.

ווערט זי עלטער, זאָג איך
אַלעס איר אַליין.
ס׳משפּט ניט אַ טאָכטער –
זי וועט מיך פֿאַרשטיין.

A Dark Cloth Coat

by Kadia Molodowsky

A tailor from Kamora town
had many kids, no Evil Eye–
just tiny kids, poppy-seeds,
and with a cradle standing by.

Then let my story now begin:
not one about a sweet white goat,
but one about a handsome coat,
a lovely, brand-new dark cloth coat.

The coat was sewn by hand with care
from dark cloth–that's the rule.
'Twas for the eldest son named Shmuel
to wear each day to go to shul.

Our Shmuel wore it three long years,
and still it looked brand-new.
And then he wore it one more year–
it still looked new and handsome too.

Our Shmuel put it on just right,
but one day found the waist too tight.

The whole Kamora was upset:
"A problem–something here's not right.
Our Shmuel put his cloth coat on
and found it feeling much too tight."

So tell me, what can now be done?
Our Beyla now can have the fun.

Our Beyla wore it three long years,
and still it looked brand-new.
He wore it then for one more year–
it still looked new and handsome too.

One day our Beyla gave a spit–
the coat's three seams just up and split.

The whole Kamora was upset:
"A problem–something here's not right.
Our Beyla gave a simple spit

אַ מאַנטל פֿון אַ טונקעלן געוואַנטל

בײַ אַ שנײַדער אין קאַמאַרע
פֿול מיט קינדער, קיין עין־הרע,
קינדער פּיצעלעך ווי מאַן
שטייט אַ וויגל אויבן־אָן.

איצטער הייבט זיך אָן די מעשׂה,
נישט פֿון ציגעלעך קיין ווײַסע
נאָר אַ מעשׂה פֿון אַ מאַנטל
פֿון אַ טונקעלן געוואַנטל.

האָט מען אויפֿגענייט אַ מאַנטל
פֿון אַ טונקעלן געוואַנטל
פֿאַרן עלטסטן בחור שמואל
ער זאָל קענען גיין אין שול.

גייט אים שמואליק יאָרן דרײַ
איז דער מאַנטל שפּאָגל נײַ,
גייט אים שמואליק נאָך אַ יאָר
איז דער מאַנטל שענער גאָר.

איין מאָל שמואליק טוט אים אָן
איז דער מאַנטל קורץ אין סטאַן.

ווערט אַ טומל אין קאַמאַרע:
— נאַ דיר גאָר אַ נײַע צרה!
שמואליק טוט דעם מאַנטל אָן —
איז דער מאַנטל קורץ אין סטאַן.

נו, איז מילא —
טוט שוין אָן דעם מאַנטל ביילע.

גייט אים ביילע יאָרן דרײַ
איז דער מאַנטל שפּאָגל נײַ,
גייט אים ביילע נאָך אַ יאָר
איז דער מאַנטל שענער גאָר.

איין מאָל ביילע טוט אַ שפּרײַ
פּלאַצט אין מאַנטל נעטלעך דרײַ.

ווערט אַ טומל אין קאַמאַרע:
נאַ דיר גאָר אַ נײַע צרה!

and three coat-seams just up and split."

So what's the matter—do I care?
The coat will go to Yosl Ber.

Our Yosl wore it three long years,
and still it looked brand-new.
He wore it then for one more year—
it still looked new and handsome too.

One day he fell down on the stair
and tore off buttons everywhere.

The whole Kamora was upset:
"A problem—something here's not right.
He merely fell down on the stair
and now no buttons anywhere."

The family sat and figured out:
"Let Hindl wear the coat about."

Our Hindl wore it three long years,
and still it looked brand-new.
She wore it here, she wore it there—
the coat was missing not a hair.

One day a tumult in the house
and everyone is standing 'round.
Our Hindl's sobbing on the bed—
the coat-cuff's nowhere to be found.

Now everyone is shouting out:
"This girl will soon become a bride,
and look—she's sobbing on her bed!
How can you lose a cuff outside?"

The coat went to the youngest son—
our Pantl was the chosen one.

O Pantl, Pantl, what a brat!
He plays with every dog and cat!
He chases every cat he sees!
He fights, gets beaten to his knees!
Meow and whistle, howl and bark—

טאַמער ביילע גיט אַ שפּײַ
פלאַצט אין מאַנטל נעטלעך דרײַ?

וואָס זשע קען דאָ זײַן דער מער?
גייט אין מאַנטל יאָסל־בער.

גייט ער אין אים יאָרן דרײַ
איז דער מאַנטל שפּאָגל נײַ.
גייט ער אין אים נאָך אַ יאָר
איז דער מאַנטל שענער גאָר.

איין מאָל פֿאַלט ער אויף די טרעפּלעך
און אַ סוף צו אַלע קנעפּלעך.

ווערט אַ טומל אין קאַמאָרע:
— נאַ דיר גאָר אַ נײַע צרה!
גיין און פֿאַלן אויף די טרעפּלעך
און פֿאַרלירן אַלע קנעפּלעך?

און עס פּסקנט דאָס געזינדל:
זאָל שוין גיין אין מאַנטל הינדל.

גייט אים הינדל יאָרן דרײַ
איז דער מאַנטל שפּאָגל נײַ,
גייט זי אין אים נאָך אַ יאָר
פֿעלט דעם מאַנטל נישט קיין האָר.

איין מאָל ווערט אַ גרויסער טומל,
אַלע שטייען אין אַ רומל,
הינדל כליפּעט אויפֿן בעט —
האָט אָנגעוואָרן אַ מאַנקעט!

שרײַען אַלע, אַלע, אַלע:
— דאָס איז דאָך אַ מויד אַ כּלה,
ליגט און כליפּעט אויפֿן בעט!
ווי פֿאַרלירט מען אַ מאַנקעט?

האָט שוין אָנגעטאָן דעם מאַנטל
איצט דער ייִנגסטער בחור פּאַנטל.

פּאַנטל, פּאַנטל, אײַ איז דאָס אַ בחורעץ!
חבֿרט זיך מיט הינט און קעץ,
יאָגט זיך נאָך נאָך יעדער וואָגן,
שלאָגט זיך, ווערט אַליין געשלאָגן,

ma laughs and curses–what a lark!

So Pantl wore the dark cloth coat.
That bratty kid–he got our goat!

The very day he put it on,
he tore its corners–look and see!
The next day, not to be outdone,
he tore a hole right in the knee.
The evening of that selfsame day,
the collar's missing–something new!
And also two great gaping holes
right at the elbows–howdja do!

A tumult rose then everywhere:
"Oh woe is us, oh woe, oh dear!
That lovely coat, that handsome coat's
in childish, bratty hands we fear!"

One day our Pantl, no idler he,
came running, naked as a tree.
Then all, as far as eye could see,
were angry, angry as could be.
"You naughty boy, what did you do?
Just where's your coat? Now tell us true!"

"I gave the right lapel away–
I gave it to our sweet black cat.
And then I gave the left lapel
to our white cat–and how 'bout that!"
And then he laughed–oh what a jest!
"Some time next week you'll see the rest!"

A tumult rose then everywhere:
"Oh woe is us, oh woe, oh dear!
That lovely coat, that handsome coat–
our Pantl's ruined it now we fear."

מיאָוקעט, פּיִפּט און שרײַט און בילט
און די מאַמע לאַכט און שילט.

האָט שוין אָנגעטאָן דעם מאַנטל
איצט אָט דער־אָ תּכשיט פּאַנטל.

האָט ער באַלד דעם ערשטן טאָג
אָפּגעפֿליקט אַ גאַנצן ראָג,
און אויף מאָרגן אין דער פֿרי
אויסגעהאַקט אַ לאָך אין קני.
און דעם זעלבן טאָג פֿאַר נאַכט
אָן אַ קאָלנער אים געבראַכט,
מיט צוויי לעכער גרויס ווי אויגן
אין דיביידע עלנבויגן.

ווערט אַ טומל אַ געשריי,
– אַך און אָך און ווינד און וויי!
אַזאַ מאַנטל, אַזאַ מאַנטל
פֿאַלט אַרײַן צום תּכשיט פּאַנטל.

איין מאָל פּאַנטל איז ניט פֿויל,
קומט צו לויפֿן נאַקעט, הויל,
שרײַען אַלע פֿאַר אַ מאָל,
אַלע, אַלע אין איין קול:
– תּכשיט, שגץ, פֿלעדערמויז,
וווּ דער מאַנטל זאָג נאָר אויס!

ענטפֿערט זיי דער ווילער יונג
מיט אַזאַ־אָ שאַרפֿע צונג:

– כ׳האָב פֿון אים דעם רעכטן לאַץ
אָפּגעשענקט דער שוואַרצער קאַץ,
און דערנאָך דעם לינקן לאַץ
אָפּגעשענקט דער ווײַסער קאַץ.
און די רעשטע, לאָך אויף לאָך,
ט׳אָנקומען די צווייטער וואָך.

ווערט אַ טומל אַ געשריי:
– אַך און אָך און ווינד און ויי
אַזאַ מאַנטל, אַזאַ מאַנטל
פֿאַלט אַרײַן צום תּכשיט פּאַנטל!

My Daughter Of Sixteen Years *by Melekh Ravitsh*

She came home upset and burning,
lay down to sleep in silent yearning,
this child of my love, no longer a child,
my daughter of sixteen years.

I put out the lamp and closed the door,
the hot tears flowed more and more
from the child of my love, no longer a child,
through her slender hands and blonde hair.

I sat alone in the gathering gloom,
composed a poem in my silent room
to the child of my love, no longer a child,
and left there silence, darkness, and fear.

Here a year, there two - - child mine, let the story be told:
Who has shadowed my years so fast and made me old?
Child of my first love, no longer a child,
whose youthful weeping I can no longer understand.

A home of homes, my child, you should know,
there is, where to weep ourselves out we all shall go
for the last time. You who are no longer a child,
only you cannot understand.

And my daughter falls softly asleep there,
with open hands and flowing hair,
and sighs in her sleep, this no-longer child.
She sleeps - - and it's time for me to go,

go into my final night, go beneath the grass
and trees, and leave you, my child, alas,
you, the flower of my love, no longer a child,
alone in the world, alone.

מײַן טאָכטער פֿון זעכצן יאָר

זי איז אַ פֿאַרפֿלאַמטע אַהיימגעקומען,
זיך שלאָפֿן געלייגט מיט איר צער, מיט איר שטומען,
דאָס קינד פֿון מײַן ליבע, וואָס איז נישט מער קינד,
מײַן טאָכטער פֿון זעכצן יאָר.

כ'האָב דעם לאָמפּ פֿאַרלאָשן און די טיר פֿאַרשלאָסן,
און הייסע טרערן זײַנען געפֿלאָסן
בײַ מײַן קינד פֿון ליבע, וואָס איז נישט מער קינד,
דורך די שלאַנקע הענט און די בלאָנדע האָר.

אין דער פֿינצטער בין איך זיצן געבליבן,
כ'האָב אין דער פֿינצטער אַ ליד געשריבן
צו מײַן קינד פֿון ליבע, וואָס איז נישט מער קינד,
און געלאָזן דאָרט שטילקייט, פֿינצטער, שרעק.

דאָ אַ יאָר, דאָרטן צוויי, זאָג, קינד מײַנס, ווער האָט דען
אַזוי גיך דײַן פֿאָטערס יאָרן צעשאָטן?
קינד פֿון ערשטער ליבע, וואָס ביסט נישט מער קינד,
וואָס איך קאָן נישט פֿאַרשטיין מער דײַן יונגן געוויין.

פֿאַראַנען, קינד מײַנס, אַ היים פֿון היימען —
דאָרט גייען מיר אַלע זיך אויסצוּווײנען
צום לעצטן מאָל: דו, וואָס ביסט נישט מער קינד,
נאָר דו קאָנסט עס נאָך נישט פֿאַרשטיין.

און ס'איז מײַן טאָכטער שטיל אײַנגעשלאָפֿן,
די האָר צעפֿלאָסן און די הענט ווידער אָפֿן,
און זיפֿצט אין שלאָף, די וואָס איז נישט מער קינד.
זי שלאָפֿט — און איך קאָן שוין גיין.

גיין אין מײַן נאַכט, גיין אונטער די גראָזן,
און אונטער די ביימער, און דיך, קינד, דאָ לאָזן,
דו, בלום פֿון מײַן ליבע, וואָס ביסט נישט מער קינד,
אַליין אויף דער וועלט, אַליין.

What Shall I Bring You, Daughter *by Yankev Yitskhok Segal*

All seven dolls are sleeping now,
the ones my daughter loves.
It's daytime - - through the windowpane
we see the softly cooing doves.

"So what to bring you, daughter mine,
when I come back from town with fruit?"
"Of gold two pounds, of silver six,
and bring me happiness to boot.

A little dress for this sweet doll,
whose blond hair's all in curls;
a little hat for that dear one,
whose head is all awhirl."

"And what about the nice boy-doll
with tiny nose, who's not so new?"
"A little copper cookie, please,
and bring a crystal bagel too."

"And all the others, dearest child?"
"Bring anything you think is right,
but don't be late in coming back,
for all the things get small and tight.

And happiness itself can pall,
and gold and silver too.
But father dear, I'm worried now - -
you'll spend a fortune there, won't you?"

וואָס זאָל איך דיך ברענגען, טאַטעשי?

אַלע זיבן ליאַלקעס שלאָפֿן,
נאָר מײַן מײדעלע איז וואַך.
ס'איז בײַ טאָג און דורכן פֿענצטער
זעט מען טויבן אויף אַ דאַך.

– וואָס זאָל איך דיר ברענגען, טאַטעשי,
ווען איך קום פֿון מאַרק צוריק?
– צוויי פֿונט גאָלד און זיבן זילבער,
און אַ קריגעלע מיט גליק.

און אַ העמדעלע דער ליאַלקע
מיטן לאַנגן, בלאָנדן צאָפּ.
און אַ היטעלע דער ליאַלקע
מיטן שפּיצעכדיקן קאָפּ.

און דעם ייִנגעלע, דעם ליאַלעק,
מיט דער פּיצלדיקער נאָז,
ברענג אַ לעקעכל פֿון קופּער
און אַ בייגעלע פֿון גלאָז.

– און צו אַנדערע, מײַן טײַערע?
– ברענג וואָס דו פֿאַרשטייסט אַליין.
נאָר ניט שפּעטיק זיך, די זאַכן
קאָנען ווערן ענג און קליין.

און דאָס גליק קאָן ווערן זויער,
און דאָס זילבער, און דאָס גאָלד
קאָן נאָך ווערן... טאַטע, טאַטע,
האָסט אַזוי פֿיל געלט באַצאָלט.

Folk-Motif

by Yehoyesh

O mother darling, mother dear,
untie the beads from 'round my throat.
The Emp'ror soon will travel here–
I'll help him with his coat.

O daughter mine, my dearest one,
don't let your heart oppress.
Let not the Emp'ror fancy you–
you'll wear no beads to dress.

O mother darling, mother dear,
please comb my hair an ugly way,
or else the Emp'ror soon will send
to have me come away.

O daughter mine, my dearest one,
I hope no plans he's made.
Let not the Emp'ror fancy you–
just tie your hair in braid.

O mother darling, mother dear,
please hurry up and smudge my face.
The Emp'ror soon will travel here
to take me to his kingly place.

O daughter mine, my dearest one,
you must not be so rash.
Let not the Emp'ror fancy you–
I'll black your face with ash.

O mother darling, mother dear,
I'm weeping bitter tears.
The Emp'ror soon will travel here–
no such event in all my years.

O daughter mine, my dearest one,
now fly like arrows from a bow.
I fear that he will fancy you–
no peace will you then know.

פּאָלקסמאָטיוו

— מאַמעניו מײַנע, מאַמעניו האַרץ,
בינד אָפּ פֿון מײַן האַלדז די קאַרעלן.
דער קייסער וועט קומען צו פֿאָרן אַהער
און כ'וועל אים, חלילה, געפֿעלן.

— טאַכטערל מײַן, טאַכטערל גאָלד,
דײַן הערצעלע זאָל זיך ניט פּלאָגן.
איך וויל ניט, דער קייסער זאָל האָבן דיך האָלד,
און דו וועסט קיין צירונג ניט טראָגן.

— מאַמעניו מײַנע, מאַמעניו האַרץ,
מײַן צאָפּ טו מיר מיאוס פֿאַרקעמען.
דער קייסער וועט קומען צו פֿאָרן אַהער
און שיקן שטאַפֿעטן מיך נעמען.

— טאַכטערל מײַן, טאַכטערל גאָלד,
ער וועט קיין שטאַפֿעטן ניט שיקן.
איך וויל ניט, דער קייסער זאָל האָבן דיך האָלד,
און קניפּ דיר אַ קאָלטן אַ דיקן.

— מאַמעניו מײַנע, מאַמעניו האַרץ,
מײַן ווײַסע געזיכט טו פֿאַרשמירן.
דער קייסער וועט קומען צו פֿאָרן אַהער
און וועט אין זײַן פּאַלאַץ מיך פֿירן.

— טאַכטערל מײַן, טאַכטערל גאָלד,
האָב נאָר ניט קיין מורא אין האַרצן.
איך וויל ניט, דער קייסער זאָל האָבן דיך האָלד,
און וועל דיך מיט סאַזשע פֿאַרשוואַרצן.

— מאַמעניו מײַנע, מאַמעניו האַרץ,
כ'טו ביטערע טרערן פֿאַרגיסן.
דער קייסער וועט קומען צו פֿאָרן אַהער,
ווו קען איך די אויגן פֿאַרשליסן?

— טאַכטערל מײַן, טאַכטערל גאָלד,
אַנטלויף ווי אַ פֿײַל פֿונעם בויגן,
כ'האָב מורא, דער קייסער וועט קריגן דיך האָלד,
ווען ער וועט נאָר זען דײַנע אויגן...

A Kiss For Mother

by Yehoyesh

A mother hugs her child,
which father loves to see.
A binding thread, in silence,
now wraps around all three.

The father tells his child:
"Now kiss your mother, dear."
The child is glad to kiss her lips,
and laughs—a joy to hear.

The mother tells her darling child:
"Now give your father twenty-five."
The child obeys its mother's wish—
eyes glow with joy to be alive.

The silent thread enfolds them now,
round all the fam'ly there,
and mother, father once again
feel like a brand-new bridal pair.

אַ קוש דער מאַמען

שפּילט די מאַמע מיטן קינד
און דער טאַטע פֿרייט זיך.
פֿעדים רונד אַרום די דרײַ
פֿלעכטן שטילערהייט זיך.

זאָגט דער טאַטע צו דעם קינד:
— קוש, מײַן גאָלד, די מאַמען.
קושט דאָס קינד — צעלאַכן זיך
אַלע דרײַ צוזאַמען.

זאָגט די מאַמע צו דעם קינד:
— גיב דעם טאַטן צוואַנציק.
קושט דאָס קינד — צעלגלי׳ען זיך
דרײַ פּאָר אויגן גלאַנציק.

פֿלעכטן שטילע פֿעדים זיך
רונד אַרום זיי אַלע.
טאַטע־מאַמע פֿון דאָס נײַ
ווערן חתן־כּלה.

HOLOCAUST FIGURES

A Time for Dreams *by Avrom Sutzkever*

My sister would have been older than I by now,
but she is thirteen years old and grows no older.

She has divided her time among those who have no time,
and given the rest of her bounty

to the carrier pigeons in the old attic - -
her time for dreams she's left mostly for me.

And if we were to meet somewhere,
I'd recognize her right away - -

even in snow or fog
I'd know the blue ribbons of her braids.

But she'd shake from her eyelashes
the mistaken, imaginary evidence.

I'd like to know whether she still diligently keeps
a diary in which day is simultaneous with night?

If so, will my sister let me, for just a moment,
leaf through a few pages?

My sister would have been older than I by now,
but she is thirteen years old and grows no older.

I drink her time for dreams and become joyful,
but she is thirteen years old and grows no older.

חלום־צײַט

מײַן שוועסטער וואָלט פֿון מיר געווען שוין עלטער,
נאָר זי איז דרײַצן יאָר און ווערט ניט עלטער.

צעטיילט האָט זי איר צײַט פֿאַר די וואָס האָבן
קיין צײַט ניט, און דעם רעשט פֿון אירע גאָבן —

די רינגלטויבן אויפֿן אַלטן בוידעם.
איר חלום־צײַט — פֿאַר מיר געלאָזן קודם.

און וואָלטן מיר זיך ביידע וווּ באַגעגנט,
איך וואָלט זי גלײַך דערקענט אין יענער געגנט.

אַפֿילו דורך אַ שניי צי דורך אַ נעפּל,
דערקענט איר בלויע לענטע פֿונעם צעפּל.

נאָר זי וואָלט אָפּגעטרייסלט פֿון איר וויִע
די טעותדיקע, אויסגעדאַכטע ראיה.

כ׳וואַלט וועלן וויסן צי זי שרײַבט נאָך פֿלײַסיק
אַ טאָגבוך ווו דער טאָג איז נאַכט בעת־מעשׂהדיק.

אויב יאָ, צי וועט מײַן שוועסטער מיר דערלויבן
אַ רגע בלויז אַ בלעטל טאָן פֿון אויבן — —

די שוועסטער וואָלט פֿון מיר געווען שוין עלטער,
נאָר זי איז דרײַצן יאָר און ווערט ניט עלטער.

איך טרינק איר חלום־צײַט אַן אויפֿגעהעלטער,
נאָר זי איז דרײַצן יאָר און ווערט ניט עלטער.

Golda *by Avrom Sutzkever*

When Golda rode in darkest night
the first time through the forest wilds,
she seemed a flame quite wondrous bright
that shone on hills and dales for miles.

At dawn a light came from her eyes;
each partisan felt their glow.
Her smile lit up the sylvan skies
o'er mountain-tops and vales below.

Her moss-thatched hut with walls of bark–
in Spring it bloomed, a garden bed.
The whole world there, like Noah's ark,
their joyful words our courage fed.

The wounded heroes lying there
arose again, though still quite weak,
for Golda's smile had made them dare.
Again they stood, no need to speak.

To blow each bridge till none remained,
to fight with pride and not with dread,
is what our Golda had ordained–
to march and push the fight ahead.

One dismal, dark, and rainy night,
when Golda lurked to blow a train,
a mournful owl bemoaned his plight
by hooting out his old refrain.

And then our Golda heard wheels race,
our ever-smiling, brave young friend,
and quickly lit the fuse in place
to arm the bomb, the train to rend.

She drank in with her eye and heart
the vision of awakened flame.
The train she stalked she blew apart,
and she herself was blown the same.

A comrade found just Golda's hand–
there lying sep'rate on the ground.

גאָלדע

...און ווען דורך נאַכט, אין ווילדערניש אין ווײַטער,
האָט דורכגעריטן גאָלדע ס'ערשטע מאָל,
האָט זיך געדאַכט: אַ פֿליִענדיקער שײַטער
דורך באַרג און טאָל.

באַגינען האָט געבלויט פֿון אירע אויגן
און יעדער פּאַרטיזאַן האָט גלײַך דערפֿילט:
דער וואַלד מיט גאָלדעס שמייכל ווערט באַצויגן
און העל באַגילדט.

דאָס ערדן־שטיבל אונטער מאָך און קאָרע
האָט זיך צעבליט מיט פֿרילינג ווי אַ בייט,
ווי ס'וואָלט אַהין אַרײַן די וועלט די גאָרע
מיט יונגער פֿרייד.

פֿאַרוווּנדיקטע גבורים האָבן ווידער
געהויבן זיך פֿון אָרט, שוין ניט גערוט,
ווײַל גאָלדעס שמייכל האָט געהיילט די גלידער,
דערפֿרישט מיט מוט.

אין מאַרש, אין לויערונג, בײַם רײַסן בריקן,
אין הייסן אין האַרטנעקיקן געשלעג,
עס האָבן ווי באַפֿוילן גאָלדעס בליקן:
— פֿאָרויס אין וועג!

נאָר אין אַ נאַכט אַ קוואַלנדיק־מאַיאָווע,
בעת גאָלדע האָט געלויערט אויף אַ באַן,
האָט עפּעס העכער זיך צעקלאָגט אַ סאָווע
צום פּאַרטיזאַן.

און ווי ס'האָט אונדזער שמייכלדיקע שוועסטער
דערהאָרכט דעם רויש פֿון רעדנדיקע טריט,
און ווי זי האָט דעם קנויט געוואָרצלט פֿעסטער
צום דינאַמיט,

He brought it back to Golda's band
and showed the leader what he'd found.

The chief could bare control his breath—
lined up the troops, the whole brave band,
and told us of our Golda's death.
With tender love he kissed her hand.

Our rifles boomed, full twenty shots,
and twenty leaps each brave heart gave.
Her hand we buried in a plot
and planted roses o'er the grave.

Above the grave, up in the air,
our Golda's smile still floats around
like long ago, when Golda there
rode o'er the hills, across the ground.

און ווי זי האָט מיט אויג און האַרץ געשלונגען
די זעונג פֿון דעם אויפֿגעוואַכטן פֿלאַם,
איז אין דער לופֿט דער עשאַלאָן צעשפּרונגען
מיט איר צוזאַם.

אַ חבֿר האָט געפֿונען בלויז פֿון גאָלדען
אַ האַנט אין גרינעם גראָז און איז מיט איר
אין וואַלד געקומען און געמאָלדן
דעם קאָמאַנדיר.

און ס'האָט דער קאָמאַנדיר, אַ קוים באַהערשטער,
פֿאַרבײַ זײַן מחנה טראָט נאָך טראָט געשפּאַנט,
דערציילט אונדז וועגן גאָלדען, און דער ערשטער
געקושט די האַנט.

און צוואַנציק זאַלפֿן האָבן זיך געהויבן,
און צוואַנציק מאָל האָט ס'האַרץ געטאָן אַ ברויז.
דערנאָך האָט מען די האַנט פֿאַרשאָטן. אויבן —
פֿאַרזייט אַ רויז.

און רונד אַרום דער רויז און העכער, ווײַטער
עס וואָגלט גאָלדעס שמייכל ווי אַ מאָל,
ווען זי האָט דורכגעריטן ווי אַ שײַטער
דורך באַרג אין טאָל.

The Teacher Mira *by Avrom Sutzkever*

In patches and tatters our clothes on us lie - -
we're driven through streets to the ghetto to die.
Our houses, they bid us eternal goodbye - -
we hear the decrees, but with hardly a sigh.

The graybeards march on with tefillin on brow - -
a peasant goes by with his not-yet-grown cow.
A dying man's pulled in a cart by his wife - -
a woman drags logs, for fire gives life.

And 'mid the whole group is our teacher, dear Mira,
who carries a child like a sack full of lire.
She carries one child, holds hands with another - -
her pupils and she help encourage each other.

They get to the ghetto, and there is a gate
made of freshly hewn wood - - a portent of fate - -
and just like a sluice for a river's strong flow,
it opens and in the abyss we all go.

They drive us past ruins, without bread or fire - -
our bread is our books and The Book we admire.
We gather the children in broken-down rooms
and Mira starts teaching, though Death's specter looms.

She reads them from Sholem Aleichem a tale - -
the children light up, their laughter's a gale.
She ties up their braids with a blue ribbon-bow - -
a hundred and thirty her children in tow.

Our teacher, dear Mira, is just like the sun - -
awake bright and early awaiting each one.
They come and she counts - - no don't count them dear,
for twenty sweet children are no longer here.

Her skin's like a windowpane shadowed by night,
but Mira won't let children know their true plight.
She bites on her lip with courage anew - -
she tells of Hirsh Lekert, heroic young Jew.

Nighttime - - the courtyards are gray everywhere,

די לערערין מירע

מיט לאַטעס אויף לײַבער, צעשניטן אין פּאַסן,
מע טרײַבט אונדז אין געטאָ, עס גייען די גאַסן.
די הײַזער באַגלייטן אויף אייביק געזעגנט,
און שטיינערדיק ווערט יעדער גזירה באַגעגנט.

אין תּפֿילין ווי קרוינען מאַרשירן די זקנים,
אַ קעלבעלע גייט מיט אַ דאַרפֿסייִד אין איינעם.
אַ פֿרוי שלעפּט אַ גוסס פֿאַרקלעמט אין די נעגל,
אַ צווייטער — אַ בינטעלע האָלץ אויף אַ וועגל.

און צווישן זיי אַלע — די לערערין מירע.
אַ קינד אויף איר אָרעם — אַ גאָלדענע לירע.
אַ קינד אויף איר אָרעם, בײַם הענטל — אַ צווייטן,
אַרום די תּלמידים, באַגלייטן, באַגלייטן.

און קומט מען צו ייִדישער גאַס, איז אַ טויער,
נאָך וואַרעם דאָס האָלץ ווי אַ קערפּער אַ רויער.
און גלײַך ווי אַ שליוז פֿאַר געטריבענע שטראָמען,
ער טוט זיך אַן עפֿן, פֿאַרשלינגט אין די תּהומען.

מע יאָגט איבער חורבֿות אָן ברויט און אָן פֿײַער,
דאָס ברויט איז אַ בוך, און דאָס ליכט איז אַ בלײַער.
פֿאַרזאַמלט די קינדער אין חרובֿער דירה,
עס לערנט זיי ווײַטער די לערערין מירע.

זי לייענט זיי שלום־עליכמס אַ מעשׂה,
עס פֿינקלען די קינדער און לאַכן בעת־מעשׂה.
זי פֿלעכט זיי מיט בלאָזנקע סטענגעס די צעפּלעך
און ציילט איר פֿאַרמעג: הונדערט דרײַסיק די קעפּלעך.

צו גלײַך מיט דער זון איז די לערערין מירע
שוין וואָך און זי וואַרט אויף די קינדערלעך אירע.
זיי קומען, זי ציילט. אָ, ניט ציילן זיי בעסער!
דורך נאַכט האָט דאָ צוואַנציק פֿאַרשניטן אַ מעסער.

איר הויט ווערט אַ שויב אין פֿאַרנאַכטיקע פֿלעקן,
נאָר ס׳טאָר זיי ניט מירע די קינדער אַנטפּלעקן.

as gray as the strands in our Mira's long hair.
Her blind mother's missing - - a certain death-knell - -
and seventeen children are missing as well.

When last night's wet bloodstains by sunlight are dried,
our Mira hangs flowers, the sorrow to hide.
Old Gerstein, the chorus director, comes in - -
the world past the walls hears our joyous loud din.

Our song "Spring Is Coming" - - a glorious sound,
while axes and bayonets rattle the ground.
They're dragging us out by the roots of our hair - -
we sing out our song as if they're not there.

Sixty are left, without sister or mother- -
our teacher, dear Mira's first one then the other.
"The holiday's coming, my children, my dears - -
let's put on a show and laugh through our tears."

The holiday's here, just forty remain - -
they tread the stage-boards in shirts white and plain.
The stage looks so fresh in the sun's brilliant light;
it shines like a lake - - what a beautiful sight!

While children are reading great Peretz'es work,
the threatening Germans all 'round us still lurk.
The enemy's sending our children to Heaven - -
morning reveals Mira's group is now seven.

And so, till an axe cut her down like a tree,
a flower was Mira, each child was her bee.
The flower's long since gotten wilted and gray,
but she'll bloom again on some wonderful day.

פֿאַרבײַסט זי אַ ליפּ און מיט גבֿורה באַנײַטער
דערציילט זי פֿון לעקערטן, מונטערט זיי ווײַטער.

דורך נאַכט האָט אַ גראַקייט באַצויגן די הייפֿן,
און גראָ ווערט דער לערערינס האָר אויף די שלייפֿן:
זי זוכט אינעם קעלער איר מאַמע די בלינדע –
צוזאַמען מיט איר פֿעלן זיבעצן קינדער.

ווען זון האָט די בלוטן געטריקנט, האָט מירע
באַהאַנגען מיט גרינס די פֿאַריתומטע דירה;
– געקומען דער לערער גערשטיין, מע וועט זינגען,
דער כאָר זאָל אַריבער די טויערן קלינגען.

שוין קלינגט עס: "ניט־ווײַט איז דער פֿרילינג". נאָר אונטן
די העק און באַגנעטן צעטרייסלען די גרונטן.
מע שלעפּט פֿאַר די האָר פֿון די קעלערס און לעכער.
"ניט־ווײַט איז דער פֿרילינג" פֿאַרקלינגט אָבער העכער.

שוין זעכציק פֿאַרבליבן אָן שוועסטער, אָן מאַמען,
די לערערין מירע איז אַלע צוזאַמען.
ס'איז נאָענט אַ יום־טובֿ, איז טײַבעלעך, קינדער,
אַ פֿאָרשטעלונג דאַרף מען באַווײַזן, געשווינדער!

צום יום־טובֿ – ניטאָ מער ווי פֿערציק, נאָר איטלעך –
מיט ווײַסינקן העמדל, מיט ליכטיקע טריטלעך.
די בינע איז פֿריש, מיט אַ זון, מיט אַ גאָרטן,
מע קען אַזש אין טײַכל זיך אויסבאָדן דאָרטן.

בײַם לייענען פּרצעס דריטע מתּנה
האָט אונטערגעזעגט דאָס געבײַ די סכּנה.
זיי האָבן געכאַפּט! און פֿאַרטאָג איז געבליבן
פֿון הונדערט מיט דרײַסיק בלויז מירע און זיבן.

אַזוי ביז די האַק האָט צעשפּאָלטן דעם זינען,
איז מירע אַ בלום און די קינדערלעך – בינען.
שוין גראָ איז די בלום און פֿאַרוועלקט אירע גלידער,
נאָר מאָרגן אין טוי וועט זי אויפֿבליִען ווידער.

NATURE

Spring *by Tsilye Dropkin*

In the evening,
the sky kissed the dark meadow,
and when night came,
the sky lay upon the meadow,
pressed his hot breast against the earth,
and nourished her all night
with the fluids from his body.
In the morning,
the sky spun out sunshine
upon the body of his black wife.

פֿרילינג

דער ראָזער הימל האָט פֿאַרנאַכט
דאָס שוואַרצע פֿעלד געקושט,
און ווען עס איז געקומען נאַכט,
איז דער הימל אויפֿן פֿעלד געלעגן,

און צוגעלייגט צו דער ערד זײַן הייסע ברוסט
און געזעטיקט זי אַ גאַנצע נאַכט מיט די זאַפֿטן פֿון זײַן לײַב.
אין פֿרימאָרגן האָט דער הימל זונענשײַן געשפּינט
אויף דעם קערפּער פֿון זײַן שוואַרצער ווײַב.

The Sun And I

by Rokhl Fishman

I am sunned through
and sunned out
and finished with sunning.
Open me up,
and from my innards
will spurt
the hot core of sun.
I ingest so much sun
that I laugh and radiate back to the sun
burning hot signals.
Every corner of me is lit up,
but I am not afraid.
Full of sun,
it's all the same to me
whether I shine
or am shined upon!

Surround Me With Sea

by Rokhl Fishman

Surround me with sea,
soak me with waves,
and then,
though you blow me away with sand,
still will my ear remain a seashell
in which memory resounds
and your voice glows like pearls.

די זון און איך

איך בין דורכגעזונט
און אויסגעזונט
און אָפּגעזונט.
פּראַל מיך אויף,
וועט פֿון מײַן אינעווייניק
אַרויסשיסן
דער הייסער זונקערן.
איך שלינג־אײַן אַזוי פֿיל זון
איך לאַך און גלי־צוריק דער זון
זודיקע סיגנאַלן.
אַלע מײַנע ווינקלען אין דעם ליכט,
נאָר כ'האָב ניט מורא.
אַן אָנגעזונטע
איז מיר אַלץ איינס
צי איך שטראַל,
צי איך ווער באַשטראַלט!

ים מיך אַרום

ים מיך אַרום,
כוואַליע מיך דורך –
און דערנאָך,
כאָטש דו זאַמדסט מיך אַוועק,
בלײַבט מײַן אויער אַ מושל,
וווּ עס דונערט זכּרון,
וווּ עס פּערלט דײַן קול.

To The Sun *by Pessi Hirschfeld-Pomerantz*

Sun, O sun!
I'd like to wander
in the open fields
and drink up the light
all day,
so my eyes
would radiate
your light,
your warmth.

Between narrow walls
my eyes look dull.
Between narrow walls
I speak angrily to people–
the path they walk
seems narrow to me.

Sun, O sun!
Only by your light
am I purified.
Only by your warmth
am I exalted.

צו דער זון

זון, אָ זון!
כ'וואָלט וועלן אומבלאָנדזשען
אין פֿרײַען פֿעלד,
זיך אָנטרינקען מיט ליכט
דעם גאַנצן טאָג,
עס זאָל פֿון מײַנע אויגן
אַרויסשטראָלן
דײַן ליכטיקייט,
דײַן וואַרעמקייט.

צווישן ענגע ווענט
קוקן מײַנע אויגן מאַט,
צווישן ענגע ווענט
רעד איך בייז צו מענטשן —
ענג איז מיר דער וועג
אויף וועלכן זיי טרעטן!..

זון, אָ זון!
נאָר דורך דײַן ליכטיקייט
ווער איך געלײַטערט,
נאָר דורך דײַן וואַרעמקייט
ווער איך דערהויבן — — —

Mother Earth

by Ana Margolin

Mother Earth, much trodden, sunwashed - -
dark slave and mistress
am I, my beloved.
From me, the lowly and sad,
you grow like a mighty tree-trunk,
and I, like the eternal stars and the flaming sun,
circle in long, blind silence
amid your roots and branches,
and half-awake and half-dozing
I seek high Heaven through you.

The Golden Peacock Flew And Flew

by Ana Margolin

The golden peacock flew and flew,
and Night opened her golden eyes.
Radiant one of mine, go to sleep.

Night opened her golden eyes,
so I became a fiddle and you its bow.
Restless one of mine, go to sleep.

So I became a fiddle and you its bow,
and happiness lovingly bent over us.
Gentle one of mine, go to sleep.

And happiness bent over us lovingly,
left us alone and flew away.
Sad one of mine, go to sleep.

מוטער ערד

מוטער ערד, פֿיל־געטראָטענע, זון־געוואַשענע,
טונקעלע שקלאַפֿין און האַרין
בין איך, געליבטער.
פֿון מיר דער נידעריקער און דער באַטריבטער
וואַקסטו אַרויס ווי אַ מעכטיקער שטאַם.
און ווי די אייביקע שטערן און ווי פֿון זון דער פֿלאַם
קרײַז איך אין לאַנגן און בלינדן שווײַגן
אין דײַנע וואָרצלען, אין דײַנע צווײַגן,
און האַלב אין וואַך, האַלב אין דרימל
זוך איך דורך דיר דעם הויכן הימל.

איז די גאָלדענע פּאַווע געפֿלויגן, געפֿלויגן...

איז די גאָלדענע פּאַווע געפֿלויגן, געפֿלויגן,
און די נאַכט האָט געעפֿנט די גאָלדענע אויגן.
ליכטיקער מײַנער, שלאָף אײַן.

די נאַכט האָט געעפֿנט די גאָלדענע אויגן,
בין איך פֿידל געוואָרן און דו דער בויגן.
אומרויִקער מײַנער, שלאָף אײַן.

בין איך פֿידל געוואָרן און דו דער בויגן,
און דאָס גליק איבער אונדז האָט פֿאַרליבט זיך געבויגן.
צערטלעכער מײַנער, שלאָף אײַן.

און דאָס גליק איבער אונדז האָט פֿאַרליבט זיך געבויגן,
געלאָזט אונדז אַליין און פֿאַרפֿלויגן, פֿאַרפֿלויגן.
טרויעריקער מײַנער, שלאָף אײַן.

The Bird Of Paradise *by Kadia Molodowsky*

There's a forest
and a tree in the forest
and a branch on the tree
and a nest on the branch
and in the nest a bird–
the Bird of Paradise.

In summer the forest turns green,
and the tree in the forest
and the branch on the tree,
and on the branch, in the nest,
the bird sings–the Bird of Paradise.

In Winter, the forest sleeps,
and the tree in the forest
and the branch on the tree,
but the Bird of Paradise
has flown away from the nest.

Where has it flown?
Who is searching for it?
It flies and flies–its wings flap.
A child awaits it, a mischievous child: Nakhum.
He waits for the Bird of Paradise.

He climbs on the roof and tears his socks.
His mother yells and wants to beat him:
"Oh Nakhum, Nakhum–you mischief-maker, you brat!
You don't study–you'll grow up to be a dummy."
Nakhum is quiet–
he's waiting for the Bird of Paradise.

And when the bird arrives,
the child grows taller,
handsomer,
and wiser,
and he sings with the Bird of Paradise.

דער פֿויגל פֿון גן־עדן

ס'איז דאָ אַ וואַלד
און אין וואַלד אַ בוים
און אויפֿן בויף אַ צווײַג
און אויף דער צווײַג אַ נעסט
און אין נעסט אַ פֿויגל —
דער פֿויגל פֿון גן־עדן.

זומער גרינט דער וואַלד
און אין וואַלד דער בוים
און אויפֿן בוים די צווײַג
און אויף דער צווײַג, אין נעסט,
זינגט דער פֿויגל — דער פֿויגל פֿון גן־עדן.

ווינטער שלאָפֿט דער וואַלד
און אין וואַלד דער בוים
און אויפֿן בוים די צווײַג,
און פֿון נעסט איז אַוועקגעפֿלויגן
דער פֿויגל פֿון גן־עדן.

ווו איז ער אַוועקגעפֿלויגן?
ווער קוקט אויס נאָך אים די אויגן?
ער פֿליט און פֿליט, די פֿליגל פֿאָכען.
עס וואַרט אויף אים אַ קינד, אַ שטיפֿער־ייִנגל, נחום —
ער וואַרט אויפֿן פֿויגל פֿון גן־עדן.

ער קלעטערט אויפֿן דאַך, צערײַסט די זאָקן.
די מאַמע שרײַט און וויל אים שלאָגן:
— אוי, נחום, נחום, שטיפֿער, שקאָץ,
דו לערנסט ניט, וועסט אויסוואַקסן אַ קלאָץ.
נחום שווײַגט
ער וואַרט אויפֿן פֿויגל פֿון גן־עדן.

און ווען דער פֿויגל קומט —
העכער ווערט דאָס קינד,
שענער ווערט דאָס קינד,
קליגער ווערט דאָס קינד
און ער זינגט מיטן פֿויגל פֿון גן־עדן.

נישט אומזיסט אויפֿן דאַך אַרויפֿגעקראָכן.
אַ למדן ווערט דער שטיפֿער־ייִנגעל נחום.
ער זינגט מיטן פֿויגל פֿון גן־עדן!

They're Threshing Rye *by Dora Teitelboim*

They're threshing rye!
They're threshing!
Sheaf after sheaf
falls to the earth.
Golden kernels,
drops of light,
run out–
drop by drop.
A secret hand
ignites them
and extinguishes them.
I feel sorry
for each spark
that gets lost
in the night,
and for each stalk
that is cut off from its root.

מען דרעשט דאָס קאָרן

מען דרעשט דאָס קאָרן!
מען דרעשט!
סנאָפּ נאָך סנאָפּ
פֿאַלן צו דער ערד
קערנער גאָלדענע —
ליכט־טראָפּנס
רינען אויס,
טראָפּ נאָך טראָפּ.
אַ האַנט געהיימע
צעצינד זיי
און פֿאַרלעשט.
טוט מיר באַנג
פֿאַר יעדן פֿונק
וואָס ווערט אין נאַכט
פֿאַרלאָרן,
פֿאַר יעדער זאַנג
פֿון וואָרצל אָפּגעשאָרן.

Snow

by Rashel Veprinski

The pale sky overhangs the day
like a young girl's face.
Maidenly-clear, downy-blue snow–
my body feels light, my steps barely disturb
the little blue stars in the snow.
The sky is big–I'm a white bird
and I slice through the air with my breast,
though I am standing still and staring.

שניי

דער בלאָסער הימל הענגט איבערן טאָג
ווי אַ מיידלש פּנים.
מיידלש־קלאָרער, פּוכיק־בלויער שניי.
דאָס לײַב איז גרינג, די טריט — קוים־קוים זיי רירן אָן
די בלויע שטערנדלעך אין שניי...
דער רוים איז גרויס — איך בין אַ ווײַסער פֿויגל,
איך שנײַד די לופֿט מיט מײַן ברוסט
כאָטש איך שטיי פֿאַרגאַפֿט.

The Grass Is Tired In September

by Rajzel Zychlinsky

The grass is tired in September
and no longer grows.
Children no longer die
and grow no older.
Tired is the wheel of the seasons - -
a slanting sunbeam pushes it,
a falling leaf,
but the wheel of the seasons is tired.
The sheep lazily chew
the last bit of grass in the field,
sated with sleep and with infinities.

Around The Lake

by Rajzel Zychlinsky

Around the lake,
birch trees dance
every evening;
every evening the same pose:
thin, white legs,
coquettishly bent head.
The dark water, in love,
pulls them down
into its depths.
The last drunken sun-rays follow them
with shaky steps.

מיד איז דאָס גראָז

מיד איז דאָס גראָז אין סעפּטעמבער
און וואַקסט נישט מער.
קינדער שטאַרבן נישט מער
און ווערן נישט עלטער.
מיד איז דאָס ראָד פֿון די סעזאָנען.
אַ שיפֿער זון־שטראַל שטופּט עס,
אַ פֿאַלנדיקער בלאַט,
נאָר מיד איז דאָס ראָד פֿון די סעזאָנען.
די זון קען מער נישט אונטערגיין.
פֿיל קײַען די שאָף
דאָס לעצטע ביסל גראָז אין פֿעלד –
זאַט מיט שלאָף און מיט אומענדלעכקייט.

אַרום דער אָזיערע

אַרום דער אָזיערע
טאַנצן בעריאָזעס
יעדן פֿאַרנאַכט.
יעדן אָוונט די זעלבע פּאָזע:
דינע, ווײַסע פֿאַרלייגטע פֿיס,
קאָקעטיש פֿאַרנייגטע קעפּ.
דאָס פֿאַרליבטע טונקעלע וואַסער
ציט זיי אַראָפּ
אין דער טיף.
לעצטע שיכּורע שטראַלן גייען מיט
אויף ציטערדיקע טרעפּ.

געבוירן האָט מיך דער ווינט

The Wind Gave Birth To Me *by Rajzel Zychlinski*

The wind gave birth to me,
the mountain nursed me,
the moon was my cradle,
the old trees rocked me to sleep,
my mother was a dream.

The gray cloth that flutters before my eyes - -
is it a cloud or a shawl,
my mother's crooked shawl on her bowed shoulders
in silent, crooked streets?

The wind gave birth to me,
the mountain nursed me,
my mother was a dream.

געבוירן האָט מיך דער ווינט,
געזויגן דער באַרג,
די לבֿנה איז געווען מײַן וויגל,
אַלטעביימער האָבן געוויגט מיך צום שלאָף,
די מאַמע איז געווען אַ חלום.

דאָס גרויע טוך וואָס פֿלאַטערט פֿאַר די אויגן —
איז עס אַ וואָלקן אָדער אַ פֿאַטשיילע?
דער מאַמעס פֿאַטשיילע אויף געבויגענער פלייצע
אין געסלעך קרומע און שטילע?

געבוירן האָט מיך דער ווינט,
געזויגן דער באַרג,
די מאַמע איז געווען אַ חלום.

POETIC MUSINGS

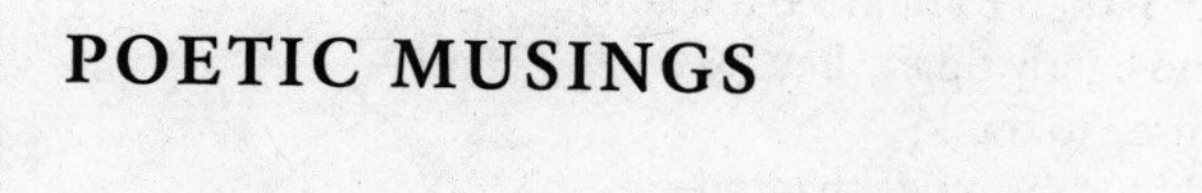

The Lady In Mourning *by A. Almi*

I used to meet the lady in mourning
every morning on my walk.
Two dark gray eyes
in her small, pale, child-like face
would look out at me,
smiling sadly
through the black silk veil.

For whom was she mourning?
Her father? Mother? Husband? Lover?
It often seemed to me
that she was mourning thus,
in the morning,
for all my vanished dreams
and those of everyone
from the desolate nights.

And when I would see the lady
and lightly tip my hat,
I used to think:
My sorrow is like that too—
a smiling sorrow with two dark gray eyes,
and it too walks each morning in the streets.

I haven't encountered the lady
for a long time now,
but whenever I feel sad
or when there is sorrow in the world,
I see her, the lady in mourning.
And I even think sometimes:
I only dreamt the lady in mourning.

דאָס דאַמעלע אין טרויער

דאָס דאַמעלע אין טרויער
פֿלעג איך טרעפֿן יעדן מאָרגן אויף שפּאַציר;
צוויי טונקל גרויע אויגן
אין קליין, בלאַס, קינדיש פּנים
האָבן דורכן שוואַרצן זײַדענעם וואַל
טרויעריק שמייכלענדיק געקוקט אויף מיר.

נאָך וועמען האָט דאָס דאַמעלע געטרויערט —
נאָך פֿאָטער? מוטער? מאַן? געליבטן?
מיר פֿלעגט זיך אָפֿט מאָל דאַכטן,
אַז דאָס טרויערט זי אין מאָרגן
נאָך די פֿאַרשוווּנדענע חלומות מײַנע —
און אַלעמענס — פֿון וויסטע נעכט.

און אַז איך האָב דאָס דאַמעלע דערזען
און לײַכט פֿאַר איר די הוט געצויגן —
פֿלעג איך טראַכטן:
אָט אַזוי איז אויך מײַן טרויער,
אַ שמייכלענדיקער מיט צוויי טונקל גרויע אויגן
און עס שפּאַצירט אין מאָרגן דורך די גאַסן.

דאָס דאַמעלע באַגעגן איך שוין לאַנג נישט.
נאָר יעדעס מאָל, אַז מיר איז טרויעריק,
צי ס'איז טרויעריק אויף דער וועלט,
דערזע איך זי, דאָס דאַמעלע אין טרויער,
און טייל מאָל טראַכט איך גאָר:
געחלומט האָט זיך מיר דאָס דאַמעלע אין טרויער.

Ballad Of Three Women Near The East River

by Benyomen Yankev Bialostotski

Three women sit on stairwell treads
with hands on bellies, scarves on heads.

Three neighbors sharing all their pain
at edge of river's flowing main.

One speaks of child and dress and purse,
another of her man–a curse.

The third one speaks, then softly cries–
her war-dead son in deep grave lies.

Three women at the edge of town,
with naked hearts, with all guards down,

And each one, in the evening glow,
entrusts her pain for all to know.

Each woman's face is deeply grooved
and wrinkled–all are greatly moved.

Three women there, so poor and sad–
like sisters, sharing all they had.

די באַלאַדע פֿון די דרײַ פֿרויען בײַם איסט־ריווער

דרײַ פֿרויען בײַ שטוביקע, אָרעמע טרעפּ,
מיט הענט אויף די בײַכער, מיט טיכלעך אויף קעפּ.

דרײַ שכנות — צוזאַמענגעדריקטע אין פּלאָגן,
ניט ווײַט פֿון איסט־ריווער, פֿון אָפּענעם טאָג.

רעדט איינע פֿון קינד, און פֿון קלייד, און פֿון שוך, —
די צווייטע פֿון מאַן — און זי פֿליסטערט אַ פֿלוך.

די דריטע, זי רעדט, און זי שווײַגט, און זי וויינט —
איר זון אין אַ שלאַכט איז געוואָרן פֿאַרשטיינט.

דרײַ פֿרויען — אין עק פֿון אַנטבלויזטן ניו־יאָרק,
מיט נאַקעטע הערצער, מיט נאַקעטן זאָרג.

און יעדערע עפֿנט אין טונקעלן ליכט,
מיט צוטרוי, מיט טרייסטונג — איר טרערן־געזיכט.

צוזאַמען — דאָך יעדערע טראָגט אין איר בליק,
אַן אָפּשײַן פֿון אייגענעם, ווײַטן צוריק.

און ס׳קאַרבט זיך בײַ יעדער אַזוי ווי אַ שראַם,
דער אָנבליק צעקנייטשטער פֿון אייגענעם שטאַם.

דרײַ פֿרויען — פֿאַרוואָרפֿן אין טרויער און נויט,
פֿאַרשוועסטערט אין אומגליק, געשוועסטערט אין טויט.

At Night

by Gella Schweid Fishman

At night
I take off
all my falsities:

my fancy dress,
the rouge and the lipstick,
the breasts and the teeth,
the smile and the pride,
the pose of busyness,
the tone of self-importance.

All my falsities
I take off.

Only in the darkness
does reality become more clear.
If sleep wants to come,
he must take me
without artifices—
just as I am.

בײַ נאַכט

בײַ נאַכט
צי איך פֿון זיך אַראָפּ
אַלע מײַנע פֿאַלשקייטן.

דאָס פּוצעוודיקע קלייד
די באַקן־ליפּן רייטלעך
די ברוסטן און די ציין
דעם שמייכל און דעם שטאָלץ
דעם אָנשטעל פֿון פֿאַרנומענקייט
דאָס קול פֿון ביז־גאָר־וויכטיקייט.

אַלע מײַנע פֿאַלשקייטן
צי איך פֿון זיך אַראָפּ.

ערשט אין פֿינצטערניש
ווערט קלאָרער נאָך די וואָר.
אויב דער שלאָף וויל קומען
דאַרף ער מיך נעמען
אָן קונצן
אַזוי ווי איך בין.

My Pa *by Gella Schweid Fishman*

When my vision grows dim
and memory wobbles away from reality,
across fences of forgetfulness
my pa comes gently toward me
with his bashful smile.

In the stillness of a frozen moment
(I am older, pa, than you were then),
we look at each other with longing
and veiled regret.

All of my unasked questions,
unspoken words from the heart,
spiteful tricks of an only daughter,
I recount to you tearfully,
asking for forgiveness.

Wild winds tore up
all the roots of your Warsaw,
while I,
youthfully fleeing toward the sun,
ignored your lifeless face.

I didn't understand then, pa,
that willy-nilly growth
doesn't always lead to joy.

You wanted a son, true?
And a pious home
that would be in harmony
and familial peace?

It didn't turn out that way?
So you silently hid between the covers
of yellowed books
and in newspaper articles
with scholarly words.

מײַן פּאַ

װען פֿאַרשאָטנט װערט בײַ מיר די ראיה,
און זכּרון װאַקלט זיך אַװעק פֿון װאָר,
איבער פֿלויטן פֿון פֿאַרגעסן
קומט מײַן פּאַ מיר מילד אַנטקעגן
מיט זײַן שעמעװדיקן שמייכל.

אין דער שטילקייט פֿון אַן אָפּגעשטעלטער רגע,
(עלטער ביך איך, פּאַ, װי דו ביסט דאַן געװען)
קוקן מיר זיך ביידע אָן מיט בענקשאַפֿט
און פֿאַרװיקלטן פֿאַרדראָס.

אַלע מײַנע ניט־געשטעלטע פֿראַגעס,
ניט־דערזאָגטע דבֿרים־מן־חלבֿ,
להכיעס־שפּאַסן פֿון אַ בת־יחידקע,
טרער איך דיר אַנטקעגן
מיט מחילהדיקע רייד.

װילדע װינטן האָבן אויסגעריסן
אַלע װאָרצלען פֿון דײַן װאַרשע,
בעת איך – מיט יונגשאַפֿט,
פֿליִענדיק דער זון אַנטקעגן –
האָב פֿאַרזען דײַן אויסגעלאָשענעם געזיכט.

דעמאָלט האָב איך ניט פֿאַרשטאַנען, פּאַ,
אַז װילן־װעלן װאַקסן
פֿירט ניט אַלע מאָל צום גליק.

געװאָלט האָסטו אַ קדיש, אמת?
און אַ פֿרומע היים דערצו.
אַז שטיל זאָל זײַן מיט שלום־בית
אין משפּחהדיקער רו.

ניט אײַנגעגעבן? האָסטו שװײַגנדיק
באַהאַלטן זיך אין טאָװלען
פֿון פֿאַרגעלטע ספֿרים

I don't know how to be silent, pa,
or where to hide.
I only want to shout, to scream and cry,
turn Heaven and earth upside down,
and trumpet the injustice of God's world.

So precisely now you come toward me
with your naïve gentility,
to explain to me
that loud rebukes
and tearing clothes[4]
don't heal the wound-and-pain.

"Softer, my child–let's be silent."
I listen and your voice fades away.

From my inner depths
A prayer murmurs forth,
and my pa
nods along gently:

> God of Abraham, Isaac, and Jacob;
> of Sarah, Rebecca, Rachel, and Leah;
> protect Your people, Israel, from all evil
> and may there be succor
> for all my loved ones.

Amen.

[4] A traditional Jewish sign of mourning

און אין צײַטונג־אויסשניטן
מיט תּלמיד־חכמדיקע רייד.

איך ווייס ניט ווי צו שווײַגן, פּאַ,
וווּהין זיך צו באַהאַלטן.
כ'וויל רק רעשן־שרײַען־וויינען,
איבערקערן ערד און הימלען
און צעפּויקן דעם אומיושר פֿון גאָטס וועלט.

איז פּונקט אַצינדער קומסטו מיר אַנטקעגן
מיט דײַן תּמימותדיקער איידלקייט
מיר געבן צו פֿאַרשטיין
אַז טומל־טענות,
רײַסן קריעה
היילן ניט דעם ווונד־און־ווײ.

"שטילער, קינד מײַנס, לאָמיר שווײַגן"...
הער איך, און דײַן קול פֿאַרגייט.

ממעמקים שעפּטשעט זיך
אַרויס פֿון מיר אַ תּחינה.
און מײַן פּאַ –
ער שאָקלט צערטלעך צו.

גאָט פֿון אַבֿרהם, פֿון יצחק און פֿון יעקבֿ,
פֿון שׂרה, רבֿקה, רחל, לאה.
באַהיט דײַן פֿאָלק ישׂראל פֿון אַלעס בייזן
און געהאָלפֿן זאָלן ווערן
אַלע מײַנע ליבסטע.

אָמן־ואָמן.

Three Young Girls *by Yankev Glatshteyn*

Three young girls with frightened,
dilated pupils
are sitting close together in the subway
and chattering.
They look too made-up and over-ripe.
Their mascara'ed eyelashes
and penciled eyebrows
make them monumentally ugly.
The yellow masks of their faces,
flecked with red,
make them look
like the gills
of a dead fish.

Their stony faces
look hard.
Their words are repetitious.
Not one of them looks toward me;
they make no eye-contact
with me.
Thank God
I no longer think about
writing novels.
I'm glad that I'm long out of that business
and I don't have to come
to such fountains of youth
to freshen my cool years.

The three young girls chatter;
they tell each other comedians' jokes
till they get up and
mince along on their precarious high-heels,
with long, bare legs,
like tightrope-walkers.
I accompany them silently
with weary looks
that do not touch them
and remain hanging in mid-air.
I guard them indifferently to the door,
with no regrets.
There's nothing I want to steal from them.

דרײַ יונגע מיידלעך

דרײַ יונגע מיידלעך מיט אויפֿגעשראָקענע,
גרויסע שוואַרצאַפּלען,
זיצן צוזאַמענגעטוליעט אין סאָבוויי
און פּלאַפּלען.
זיי זעען אויס צוגעלעגן, איבערגערײַפּטע.
די אָנגעשטײַפּטע וויִעס,
די באַשריבענע ברעמען־וועגן
מאַכן זיי לעגענדאַריש מיאוס.
דער אָנגעמאָסקעטער געל,
דורכגעפֿלעקט מיט רויט,
אַנטפּלעקט אַ מראה,
ווי בײַ אַ טויטן פֿיש
הינטערן אויער.

די אַרויפֿגעמויערטע פּנימער
זײַנען האַרט.
די ווערטער זייערע — איבערגעקײַט.
קיין איינע פֿון זיי קוקט נישט אין מײַן זײַט.
מ׳שטייט שוין מיט מיר נישט אַפֿילו
אין אויג־שידוכים.
דאַנקען גאָט,
ס׳קריכן מיר שוין נישט אין קאָפּ
קיין ראָמאַנען.
אַ לויב, וואָס כ׳בין שוין העט פֿאַרפֿאָרן,
און כ׳דאַרף נישט קומען
צו אַזעלכע יוגנט־פֿאַנטאַנען
אָפּצופֿרישן מײַנע קילע יאָרן.

די דרײַ יונגע מיידלעך פּלאַפּלען.
זיי דערציילן זיך פֿון קאָמיקס די שפּאַסן.
ביז זיי הייבן זיך אויף,
טאַנצן אָפּ אויף זייערע ריזיקאַלישע אָפּצאַסן,
מיט לאַנגע באָרוועסע פֿיס,
ווי געניטע שטריקגייערס.
איך באַגלייט זיי אָן אַ גריס

An unfriendly voice sounds in my ear:
"Middle-aged fox,
do you remember, perhaps, the story of the sour grapes?"

מיט מידע בליקן,
וואָס גיבן גאָר נישט קיין באַריר,
בלײַבן אין ערגעץ נישט הענגען.
כ'באַשיץ זיי גלײַכגילטיק ביז צו דער טיר,
אָן באַדויער.
כ'וויל בײַ זיי גאָר נישט רויבן.

אָן אומפֿאַרשטענדלעך קול רוימט מיר אײַן אין אויער:
– מיטלעריקער פּוקס,
געדענקסט אפֿשר די מעשׂה מיט די זויערע טרויבן?

My Song To A Sorrowful Maiden

by Yankev Glatshteyn

I'll sing a song to my sorrowful maiden
in these words:
beneath your eyes
your years weep;
in your hair
are sprinkles of moonbeams.
Where are those who stole
your days and nights?
Who can repay you
for your great misfortune,
your deep misfortune?
Why did you entrust your happiness
to a false ship upon the sea?
Sorrowful maiden of mine,
golden maiden of mine!

Midnight trembles between heaven and earth.
Autumn breezes pull at your hair
and the reddish-green snake tortures you.
Let someone at least sing you loudly
a song of sin,
sorrowful maiden of mine,
golden maiden of mine!

At midnight I sing you this serenade:
Rotted skulls
amid the sheaves of grain;
frozen sighs
hanging on chopped-down trees.
But closer to me
is your sigh at night:
Perhaps he'll yet come on a ship,
or at least let someone else come,
someone else.
(Good! Let someone else come!)
Golden maiden of mine,
sad, sad maiden of mine!

מײַן ליד צום טרויעריקן מײדל

כ'וועל זינגען אַ ליד צו מײַן טרויעריק מײדל
אין די דאָזיקע ווערטער:
אונטער דײַנע אויגן
ווײנען דײַנע יאָרן —
צווישן דײַנע האָר
קאַלטע לבֿנה־שפּריצלעך.
ווו זײַנען די גנבֿים
פֿון דײַנע טעג און נעכט?
ווער קען דען דיר באַצאָלן
פֿאַר דײַן רײַכן אומגליק,
פֿאַר דײַן טיפֿן אומגליק?
פֿאַר וואָס האָסטו פֿאַרטרויט דײַן גליק
אַ פֿאַלשער שיף אויפֿן ים,
אַ פֿאַלשער שיף אויפֿן ים?
טרויעריק מײדל מײַנס,
גאָלדן מײדל מײַנס!

מיטנאַכט־שעהען ציטערן צווישן הימל און ערד,
האַרבסטווינטלעך רײַסן זיך אויף דײַנע האָר,
און די רויטלעך גרינע שלאַנג פּײַניקט דיר דײַן גוף.
זאָל כאָטש ווער זינגען דיר הויך אַ ליד פֿון זינד.
טרויעריק מײדל מײַנס,
גאָלדן מײדל מײַנס!

אין די מיטנאַכט־שעהען זינג איך דיר די דאָזיקע סערענאַדע:
דורכגעפֿײלטע שאַרבנס —
צווישן תּבֿואה־בײטן.
פֿאַרגליווערטע זיפֿצן
הענגען אויף צעהאַקטע ביימער.
אָבער מיר איז נענטער דײַנס אַ זיפֿץ בײַ נאַכט:
אפֿשר וועט ער אויף אַ שיף נאָך קומען,
אָדער זאָל כאָטש אַן אַנדערער קומען,
אַן אַנדערער קומען.
(גוט אַזוי — אַן אַנדערער קומען).
גאָלדן מײדל מײַנס!
טרויעריק,
טרויעריק מײדל מײַנס!

Leytsie *by Beyle Gottesman-Schaechter*

We put up a stone to her,
the lonely soul.
Months after my mother,
she too passed away,
my aunt.

She tormented herself
all her life.
In vain her beauty,
her eternally youthful slenderness.
Her dreams were for naught,
her remaining to the end
girlish.

There was a moment
like the exclamation point
at the end of a line,
in the park, on a bench:
with outstretched hands,
she addressed a tree:
"Tree,why can't I
always be green, like you, like all of you?"
Those were her words
on our last walk together.

לייציע

אַ שטיין האָבן מיר געשטעלט איר,
דער עלנטער נשמה.
חדשים נאָך מײַן מאַמען
איז זי אויך אַוועק,
מײַן מומע.

געמוטשעט האָט זי זיך
אַ לעבן לאַנג.
אומזיסט געווען איר שיינקייט,
איר אייביק יונגע שלאַנקייט,
איר חלומען אומנישט,
איר בלײַבן ביזן סוף
יונג מיידליש.

ס'איז געווען אַ רגע
ווי אַן אונטערשטעטער שטראָך
נאָכן סוף פֿון אַ שורה:
אין פּארק אויף אַ באַנק
מיט צעשטרעקטע הענט
האָט זי זיך צו אַ בוים געווענדט:
"בוים, פֿאַר וואָס קען איך נישט
תּמיד גרינען ווי דו, ווי איר?"
דאָס אירע ווערטער
אויף אונדזער לעצטן שפּאַציר.

By The Elevated Train *by Beyle Gottesman-Schaechter*

Even on a cloudy-rainy day
the elevated train
is full of light.
Across the roofs
it flies you away,
above you an open window
to your childhood days.
From a model of hopelessness
a certain warmth brings regrets,
though you don't know precisely
about what or whom;
it was just a ray
that encountered another ray
in space
and opened up a silent well
that billowed up into waves.
The train carries you for a while,
outside the here and now–
you turn away from strange houses,
uniform square shapes,
back to your own corner:
skinny, bent hands,
careworn brows,
shawled grandmothers
who tell you
untrue stories.

מיט דער אייבערבאַן

אין אַ נעפּלדיק־רעגנערישן טאָג אַפּילו
אין דער אייבערבאַן
גאָלע ליכטיקייט פֿאַראַן.
איבער דעכער ציט דאָס פֿליִען
דיק אַוועק,
אַ צעעפֿנט פֿענצטער אויבן
צו די קינדערטעג.
פֿון פֿאַרפֿאַלנקייט אַפֿיר
אַ וואַרעמקייט נעמט קלעמען
כאָטש ווייסט נישט פּינקטלעך
צוליב וואָס, צי וועמען.
ס׳איז נאָר געווען אַ שטראַל
מיט אַ שטראַל
באַגעגענען זיך אין חלל
און אויפֿגעפּראַלט אַ שטילן קוואַל,
אויף כוואַליעס אויפֿגעשווומען.
טראָגט די באַן אַ ווײַל דיך
מחוץ דאָ און איצט —
פֿרעמדע הײַזער אָפּגעווענדטע
קאָנטורן איינפֿאָרמיק קאַנטיקע —
צום אייגענעם ווינקל דיך קריק:
הענט דאַר געבויגענע,
שטערנס פֿאַרזאָרגטע,
באָבעס פֿאַטשיילטע,
דערציילן זיך מעשׂיות
נישט געשטויגענע.

The Widow

by Khayim Grade

At midnight the widow awakes
and fearfully lights a candle.
The half-moon
turns its split face
toward her window
and flickers like a lamp on a gate.

The widow looks around the room
and gazes sternly into the mirror.
Her clothes hang on the night-stool
and, as always,
a sad smile hangs
from the corners of her mouth.

Half of her wide double-bed
is untouched–
the corpse lies snow-covered in the grave.
Her body glows at night,
but her breath freezes by day in her veil.

The street shadows merge.
Quickly she flings open her wardrobe–
and jumps back in horror:
two men's-shoes wait there,
but their owner lies rotting in the grave.

She stretches her hand to the hangar–
the blood drains from her heart.
The dead man, gray and stern,
looks back at her from beneath his hat–
it's his face, stern and gray.

She closes her eyes in fear
and feels for her wedding-dress.
Now she puts on the dress
and looks vengefully, with joy,
at the black silk mourning-veil.

די אַלמנה

האַלבע נאַכט וועקט זיך אויף די אַלמנה
און צינדט אָן דערשראָקן אַ ליכט.
אין איר פֿענצטער די האַלבע לבֿנה
קערט אָפּ איר צעשפּאָלטן געזיכט
און צאַנקט ווי אַ לאָמפּ אויף אַ טויער.

די אַלמנה קוקט אום זיך אין חדר,
קוקט אײַן זיך אין וואַנטשפּיגל שטרענג.
אויף איר נאַכטבענקל הענגען די קליידער,
און אויך אין איר מוילווינקל הענגט,
ווי שטענדיק, אַ שמייכל פֿון טרויער.

איר געלעגער, דאָס שנייזקע, ברייטע,
איז ביז צו דער העלפֿט ניט גערירט —
דער מת שטומט אין גרוב אַ פֿאַרשנייטער.
איר לײַב גליט בײַ נאַכט, נאָר עס פֿרירט
איר אָטעם בײַ טאָג אין איר שלייער.

ס'פֿאַרפֿלעכטן זי שאָטנס געהיימע —
זי רײַסט אויף דעם קליידערשראַנק גיך
און שפּרינגט אויף צוריק פֿול מיט אימה:
דאָרט וואַרטן צוויי מענערשע שיך,
נאָר ס'פֿוילן די פֿיס פֿונעם גייער.

זי שטרעקט אויס איר האַנט צו דעם הענגער —
אַנטלויפֿט פֿון איר האַרצן דאָס בלוט.
דער טויטער, אַ גרויער, אַ שטרענגער,
אַפֿער קוקט פֿון הינטער זײַן הוט —
זײַן פּנים, דאָס שטרענגע, דאָס גרויע.

מיט שרעק שליסט זי צו אירע אויגן
און טאַפּט אָן איר חתונה־קלייד.
אָט האָט זי דאָס קלייד אָנגעצויגן
און קוקט מיט נקמה און פֿרייד
אויף איר זײַדשוואַרצן צודעק פֿון טרויער.

Women

by Moyshe-Leyb Halpern

There are women who light up with joy
at the first words of their little boy.

They don't need, for beauty around,
a garden where flowers abound,

and we don't need music's echo and din
to feel their closeness deep within.

They may stand in a cemetery, deeply bowed,
or trudge behind a haywagon, slow and proud,

or wash dishes in a restaurant somewhere,
or hunch over to mend an old shirt's tear–

from their every movement warmth pours out,
even for the fool and the hang-about

and if their faces are white as a sheet,
and it's raining buckets in the street,

they've but to raise their eyes to one
and Lo!–the day is full of sun.

פֿרויען

פֿאַראַנען פֿרויען אויף דער וועלט וואָס לויכטן אויף מיט פֿרייד
פֿון ערשטע קינדער־רייד.

און ניט מען דאַרף פֿאַר שיינקייט אַרום זיי,
אַ גאָרטן רויט ווי בלוט און ווײַס ווי שניי.

און ניט מען דאַרף די הילכיקייט פֿון באַס און פֿידלסקריפּ,
צו פֿילן זייער נאָענטקייט צו זיך מיט האַרץ און ריפּ.

זיי מעגן טיף־געבויגענע אויף אַ בית־עולם שטיין,
צי ערגעץ אין אַ דאָרף פֿון הינטער היי אַ וואָגן לאַנגזאַם גיין,

צי וואַשן טעלער ערגעץ אין אַ רעסטאָראַנט אין קיך,
צי איבער העמדער אַלטע בײַם פֿאַרריכטן בייגן זיך —

פֿאַראַנען וואַרעמקייט אין זייער יעדן ריר
אַפֿילו פֿאַר דעם נאַר, בײַם שליסל־לאָך פֿון טיר.

און מעג דאָס פּנים זייערס אויסזען ווי אַ האַרבסט־טאָג בלאַס,
און מעג מיט צובערס רעגענען אין דרויסן אויפֿן גאַס —

זיי דאַרפֿן אויפֿהייבן די אויגן זייערע צו איינעם בלויז,
גייט אויף אַ זון דערבײַ, פֿאַר איטלעכן אין הויז.

In A Speakeasy—The Flower Girl

by Moyshe-Leyb Halpern

Chaim-Shmil, with a steak-knife in his hand,
dances and curses the President of the land,
but the dark beard around his face
is like a fence around a cemetery.
The pale girl who pushes flowers on me
says her pimp beats her
when she brings no money home—
that's what she says as she pushes flowers on me.

Maybe one does have to raise a fist
to be praised like the Messiah,
but the whores, the students at my table,
hate the darkness as much as I do,
and the pale girl who pushes flowers on me
doesn't even need the sun.
"A bald pate shines for others
more than for oneself"—
that's what she says as she pushes flowers on me.

So I say:
"Girlie—you don't have to be sick
like *Shulamith* in *The Song of Songs*,
and you don't have to be born blind,
to become a nursing mother."

But the pale girl who pushes flowers on me
will have none of it, and points to her crotch:
"That's where life crawls out from," she says.
That's what she says as she pushes flowers on me

So I say:
"Girlie—life has a home,
a windowless house with walls of clay,
and you don't need a miracle
to end up in the white dress of a corpse."
But the pale girl who pushes flowers on me
says she loves her dress
because it's red,
like the banner of my poverty.
That's what she says as she pushes flowers on me.

אין ספיק־איזי – דאָס בלומען־מיידל

כאַיִעמשימל מיטן סטייק־מעסער אין האַנט
טאַנצט און שילט דעם פּרעזיס פון לאַנד,
נאָר אַרום זײַן פּנים פינצטערט זײַן באָרד
ווי אַ פּלויט אַרום אַ הייליקן אָרט,
און דאָס בלייכע מיידל וואָס שטופּט די בלומען
זאָגט אַז איר ליבסטער דאָ אויף דער וועלט
שלאָגט ווען זי ברענגט ניט אַהיים קיין געלט –
דאָס זאָגט זי און שטופּט מיר בלומען.

קען זײַן אַז מען דאַרף טאַקע הייבן אַ פויסט
צו ווערן ווי אַ משיח געגרויסט,
נאָר די הורן – תּלמידים מײַנע בײַם טיש,
האָבן פײַנט ווי איך פינצטערניש,
און דאָס בלייכע מיידל וואָס שטופּט מיר בלומען
דאַרף ניט אַפילו די זון – ווײַל אַ פליק
שײַנט אויך פאַר יענעם מער ווי פאַר זיך –
דאָס זאָגט זי און שטופּט מיר בלומען.

זאָג איך: מיידל, מען מוז ניט זײַן דווקא קראַנק
ווי שלומית אין שיר־השירים־געזאַנג,
און מען מוז ניט געבוירן ווערן בלינד
צו ווערן אַ מאַמע וואָס זויגט אַ קינד.
נאָר דאָס בלייכע מיידל וואָס שטופּט מיר בלומען
הערט ניט און ווײַזט מיר אָן אויף איר שויס:
פון דאָרט – זאָגט זי – קריכט דאָס לעבן אַרויס –
דאָס זאָגט זי און שטופּט מיר בלומען.

זאָג איך: מיידל, דאָס לעבן האָט אַ היים –
אַ שטוב אָן פענצטער מיט ווענט פון ליים,
און מען דאַרף ניט – זאָג איך – צו דעם קיין נס
זיך צו ווײַזן אין ווײַסן קלייד פון אַ מת.

So I speak to her as one speaks to God,
with the familiar 'you':
"Maybe you can grant me peace," I say,
"and take the honey from the poison
that weeps in me like a straw in the sea!"
But the pale girl who pushes flowers on me
says that the aroma of flowers
covers that of sweat
when one embraces an excited woman.
That's what she says as she pushes flowers on me.

נאָר דאָס בלייכע מיידל וואָס שטופּט מיר בלומען
זאָגט אַז זי האָט ליב איר קלייד,
ווײַל ס׳איז רויט ווי די פֿאָן פֿון מײַן אָרעמקייט –
דאָס זאָגט זי און שטופּט מיר בלומען.

רעד איך צו איר, ווי צו גאָט, אויף דו –
אפֿשר קענסטו מיר – זאָג איך – שענקען רו,
און צונעמען דעם האָניק פֿון סם,
וואָס ווייִנט אין מיר ווי אַ שטרוי אין ים!
נאָר דאָס בלייכע מיידל וואָס שטופּט מיר בלומען,
זאָגט, אַז בלומען פֿאַרדופּטן דעם שווייס
ווען מען נעמט אַרום אַ פֿרוי וואָס איז הייס –
דאָס זאָגט זי און שטופּט מיר בלומען.

In The Streets Of The City *by Moyshe-Leyb Halpern*

For a man who looks as if
he had so much money
that counting it
could make his hands as dirty
as a chimney-sweep's—
for such a man,
every woman bows,
and walks
so every fold of her skirt
will tell him
how she looks naked.

But for a man
who stands on a corner
with head bowed
and shoulders drooping,
and from hard work
is really as dirty
as a chimney-sweep,
for him it must suffice
to say hello
to the prostitute
passing by.

And though her
hips swing
like those of a sick cow
that barely drags itself around,
he's allowed to stare at her
with the hungry look
of a starving man
who sees a sliced watermelon
in a show-window,
or perhaps with the joy
of a scholar
who thinks fortune has smiled on him.
as it were,
because he's found
an ancient historical holy site
on the two halves of an old globe
somewhere in the garbage.

אין די גאַסן פֿון דער שטאָט

פֿאַר איינעם, וואָס זעט אויס,
אַז ער האָט געלט צו ציילן אַזוי פֿיל,
אַז ס'קענען קויטיק ווערן
זײַנע הענט בײַ אים
ווי בײַ אַ קוימענקערער, נעבעך —
פֿאַר אים בייגט יעדע פֿרוי
בײַם גאַנג אירן די פֿיס אַזוי אפֿשר,
אַז אַלע פֿאַלדן פֿון דעם קלייד אַרום איר שויס
זאָלן אים דערציילן פֿון איר נאַקעטקייט.
פֿאַר דעם אָבער, וואָס שטייט בײַם ראָג פֿון גאַס
מיט קאָפּ און אַקסל אַראָפּגעלאָזענע
און איז פֿון שווערער אַרבעט
קויטיק טאַקע ווי אַ קוימענקערער,
פֿאַר אים דאַרף זײַן גענוג
צו מעגן זיך באַגריסן מיט דער גאַסנפֿרוי,
וואָס שלעפּט זיך אים פֿאַרבײַ.
און כאָטש די היפֿטן אירע
הוידען זיך בײַם גאַנג,
ווי בײַ אַ קראַנקער קו, וואָס קוים זי קריכט אַרום,
איז אים דערלויבט איר נאָכצוקוקן
מיט דער זשעדנעקייט פֿון אַ פֿאַרהונגערטן,
וואָס זעט אַן אויפֿגעשניטענעם אַרבוז
אין אויסשטעל־פֿענצטער,
צי מיט דער פֿרייד, אפֿשר,
פֿון אַ געלערנטן, מישטיינס געזאָגט,
וואָס מיינט, אַז עס האָבן זיך אים
אַלע טויערן פֿון גליק געעפֿנט,
מיט דעם וואָס ר'האָט אויף העלפֿטן צוויי
פֿון אַ געוועזענעם גלאָבוס ערגעץ אויפֿן מיסט
אַן אַלט היסטאָריש הייליק אָרט געפֿונען...

Morning in the Village *by Rokhl Korn*

The garden conceals the deep secrets of the night
with shadow-sheets of the first morning gray.
The first pinkish-red sunrays jump like squirrels
from tree to tree, from branch to branch,
ever closer to the ground, ever closer–
and drink their fill of its cool dew.

The great fans of smoke on the thatched roofs of cottages
inform the blue spring sky
that Time has plowed-under yet another night,
and is going out to meet the sun with its plowshares
on the broad fields of the new day.

Somewhere on a doorstep, a young *shikse*[5] appears,
stretches out her night-warmed body to the day,
and looks around to see whether
her neighbor's son isn't coming with his chestnut horse.
She places the hard bearer's-yoke on her soft shoulders
and takes her first, pious steps toward the well.
The buckets dance and swing on both sides of her,
to the rhythm of her singing steps,
and caress her legs through her thin linen dress.
And when they are lowered into the well on a long rope
and, with their mouths languid from the night,
thirstily scoop up their cool morning drink from the mossy bottom,
someone laughs with a choked voice from the depths:
"Glug, glug,"
and sweeps secrets into them
about which the buckets dream all day
as they lie in their cobweb-covered corner near the door.

[5] Non-Jewish woman; usually an unmarried Christian girl

פֿרימאָרגן אין דאָרף

ס'באַהאַלט דער סאַד דעם טיפֿן סוד פֿון נאַכט
אין שאָטן־לײַלעכער פֿון ערשטער מאָרגן־גרויקייט.
עס שפּרינגען שוין די ערשטע רויזנרויטע שטראַלן זון
ווי וועווערקעס פֿון בוים צו בוים, פֿון צווײַג צו צווײַג,
אַלץ נידעריקער צו דער ערד, אַלץ נידעריקער,
און טרינקען צו דער זעט איר קילן טוי.

די גרויע פֿעכערס רויק אויף דעכער שטרויענע פֿון כאַטעס
גיבן צו וויסן דעם בלויען, פֿרילינגדיקן הימל,
אַז ס'האָט די צײַט פֿאַראַקערט נאָך איין נאַכט
און גייט אַרויס אַנטקעגן זון מיט אירע אַקעראײַזנס
אויף ברייטע פֿעלדער פֿון דעם נײַעם טאָג.

ס'באַווײַזט זיך ערגעץ אויף אַ שוועל אַ יונגע שיקסע,
שטרעקט אויס אַנטקעגן נײַעם טאָג איר נאַכטיש אויסגעוואַרעמט
לײַב
און קוקט זיך אום, צי ס'קומט נישט אָן מיט זײַנע גניאַדע פֿערד
דעם שכנס זון.
טוט אָן אויף אירע ווייכע אָרעמס האַרטע קאָראָמיסלעס
און גייט דעם ערשטן, פֿרומען גאַנג צום ברונעם.

די קאַנען טאַנצן, הוידען זיך פֿון יידע זײַטן
צום טאַקט פֿון אירע זינגענדיקע טריט
און לאַשטשען זיך דורך דינעם לײַוונטקליידל צו די פֿיס,
און אַז זיי לאָזן זיך אַראָפּ אויף לאַנגער רוט אין ברונעם
און שעפּן דאָרשטיק מיט די נאַכטפֿאַרשמאַכטע מײַלער
פֿון מאָך באַוואַקסענעם דנאָ דעם קילן מאָרגן־טראַנק,
לאַכט ווער פֿון טיפֿעניש צו זיי מיט אַ פֿאַרשטיקטן קול:
„בול, בול"
און רוימט זיי סודות אײַן,
פֿון וועלכע ס'טרוימען שוין אַ גאַנצן טאָג די קאַנען
אין זייער שפּינוועבס־אויסגעבעטן ווינקל בײַ דער טיר.

My Sweet Grandma *by Moyshe Kulbak*

My sweet grandma was a modest, pious woman,
and expert at giving birth: a child every Spring.
And easily, completely without pain,
just like a hen laying eggs,
she gave birth to pairs of twins, one pair after another.
My sweet grandma bore three of my uncles in the attic
and two more on the oven–
my father she bore in the stable.
And then she locked up her womb forever.
Sweet grandma gave her diapers away to poor people–
sweet grandma, dear grandma had finished her work,
so she walked around the house
like a duck among hens.

די באָבעשי...

די באָבעשי געווען איז אַ ייִדענע אַ צנועה,
אַ מײַסטער פֿון אַ קינדלערקע — אַ קינד צו יעדן פֿרילינג...
און גרינג, און גאָר אָן ווייען. פונקט ווי הינער לייגן אייער
האָט זי געלייגט די צווילינגען — אַ צווילינג נאָך אַ צווילינג.
דרײַ פֿעטערס האָט די באָבעשי געבאָרן אויפֿן בוידעם,
צוויי פֿעטערס האָט די באָבעשי געבאָרן אויפֿן אויוון,
מײַן טאַטן האָט די באָבעשי געבאָרן אין אַ שײַער...
און דאַן האָט זי איר מוטערטראַכט אויף אייביק צוגעשלאָסן.
די באָבעשי האָט אָפּגעשענקט פֿאַר אָרעמע די ווינדעלעך.
די באָבעשי, די טײַערע, האָט אָפּגעטאָן דאָס איריקע,
איז זי אין שטוב אַרומגעגאַנגען,
ווי אַ קאַטשקע צווישן הינדעלעך...

To A Lady In A Big Hat *by Zishe Landoy*

From the big hat, a deep shadow falls
on your forehead and half your face.
The creases around your mouth
look deeper.
You're still young, just over thirty,
but your youthful bloom is long gone
and your graying hair
further obscures your peaceful, oblong face.

Your brown eyes no longer excite,
nor your long, white neck or well-turned limbs.
Your voice sounds cold and sad now,
but my soul trembles, trembles, trembles–
it still trembles for you.

צו אַ דאַמע אין אַ גרויסן הוט...

פֿון גרויסן הוט פֿאַלט אויף דײַן שטערן
און אויף אַ העלפֿט פֿון דײַן געזיכט
אַ טיפֿער שאָטן. שאַרפֿער קוקן
די קנייטשן פֿון אַרום דײַן מויל.
דו ביסט נאָך יונג, אין גאַנצן איבער דרײַסיק,
דאָך איז דײַן יוגנט ווײַט שוין איבער דיר,
און דײַנע שוואַרץ־פֿאַרגרויטע האָר פֿאַררוקן
נאָך מער דײַן רו?ק און לענגלעך געזיכט.

ן רייץ שוין ז?נען ד?נע ברוינע אויגן,
ד?ן הויכער, וו?סער האַלדז און ד?נע פֿ?נע פֿיס.
שוין קלינגט ד?ן שטימע קאַלט אַזוי און טרויעריק ?
נ ר מ?ן נשמה ציטערט, ציטערט.
זי ציטערט, ציטערט אַלץ נ ך דיר.

The Shopgirl

by Avrom Liessin

How empty and cold
my youth-time melts away.
Without a star my dark, sad nights
and sunless each and every day.

Ah, how just as a fallen leaf
is carried from the tree
by angry East Wind's mighty force
my home is blown away from me.

Ah, how just like a little bird
that's from its soft nest chased,
I'm adrift in the stranger's land - -
in a great, strong cage I'm cased.

I'm blown away and locked away,
I have no homely joy and light - -
without a word of friendly warmth,
no dear sweet face in my dark plight.

And always I'm alone, alone
in sorrow and in pain,
until my hair turns dull and gray
and I go in the earth again.

דאָס שאַפּמיידל
אַ פֿאָלקסמאָטיוו

ווי וויסט אַזוי און קאַלט
מײַן יוגנט גייט אַוועק —
אָן שטערן מײַנע נעכט,
אָן זונען מײַנע טעג.

אַך, ווי אַ בלעטעלע,
פֿאַרטראָגן ווײַט פֿון בוים,
פֿון בייזן אָסיען־ווינט,
פֿאַרשלײַדערט פֿון דער היים.

אַך, ווי אַ פֿייגעלע,
פֿאַריאָגט פֿון ווייכן נעסט,
פֿאַרוואָגלט אין דער פֿרעמד,
פֿאַרשפּאַרט אין שטײַגל פֿעסט.

פֿאַרשלײַדערט און פֿאַרשפּאַרט,
אָן היימלעכקייט און ליכט,
און אָן אַ וואַרעם וואָרט,
און אָן אַ ליב געזיכט.

און אַלץ אַליין, אַליין,
אין פּראַצע און אין פּײַן,
און ביז אין גרויען צאָפּ,
און ביז אין גרוב אַרײַן.

To A Woman Socialist

by Avrom Reisen

Your eyes, they glow and sparkle bright
whene'er you speak of "better days."
Then equal, happy, everyone
will be the world's "new ways."

And I believe your prophecy,
but in my eyes the tears still shine,
for even in those best of days
you still, my love, will not be mine.

A Young Woman With Gray Hair

by Avrom Reisen

A youthful face with eyes of black
that peer into the faraway,
her lovely hair is silver-gray.
It's hard to know why it's that way.

A youthful face with silv'ry hair
is Nature's wonder, ages old.
Her youth's in bloom but old age looms—
and both are lovely to behold.

Her youthful face is full of joy,
her silv'ry hair's with sorrow fraught,
And you can't tell, you can't be sure
by which your loving heart is caught.

You're faced with Nature's riddle here:
just which of them has tugged your heart?
The graying head with silv'ry hair
or laughing eyes, so wise, so smart?

She looks at you and gently laughs,
and both her eyes are flashing fire.
The silver hair and diamond eyes—
both lovely treasures to admire.

צו אַ סאָציאַליסטין

דײַנע אויגן לײַכטן, פֿינקלען,
ווען דו רעדסט פֿון נײַע צײַטן;
אַלע מענטשן גלײַך און גליקלעך,
ווען די אָרדענונג ווערט זיך בײַטן.

און איך גלייב אין דײַן נבֿיאות,
דאָך אין אויג מײַנס שטייען טרערן;
בײַ דער בעסטער אָרדענונג, ליבסטע,
וועסטו אַלץ נישט מיר געהערן.

אַ יונגפֿרוי מיט גרויע האָר

אַ יונג געזיכט, די אויגן שוואַרץ
און קוקן ווײַט אומענדלעך,
נאָר אירע האָר איז זילבערווײַס —
דאָס איז גאָר אומפֿאַרשטענדלעך.

אַ יונג געזיכט און גרויע האָר,
דאָס איז נאַטורס אַ וווּנדער:
די יוגנט בליט, די עלטער ציט —
אוןביידע שיין באַזונדער...

דאָס פּנים יונג און בלִיִענדיק,
דו קענסט דײַן בליק ניט זעטן.
דאָך לאָקט דער קאָפּ דער זילבערנער
און וואָלטסט אים וועלן גלעטן...

דאָס יונגע פּנים פֿול מיט פֿרייד,
די זילבערהאָר — פֿול באַנגען,
און ווייסט ניט, וואָס פֿון ביידע האָט
דײַן נאַריש האַרץ געפֿאַנגען.

און שטייסט ווי פֿאַר אַ רעטעניש:
— וואָס האָט דיך צוגעצויגן?
דער גרויער קאָפּ דער זילבערנער,
צי אירע יונגע אויגן?

זי קוקט זיך אָן אַ לאַכנדע,
אין אירע אויגן — פֿײַער.
די זילבער און די דימענטן —
זײַ זײַנען ביידע טײַער...

Just Plain Jewish Girls *by Avrom Reisen*

I walk the noisy, narrow streets—
the time is six o'clock at night
and rows of careworn Jewish girls
pass by now, fading like the light.

O Jewish girls, you sweatshop girls,
your faces still show secretly
the charm of former Jewish towns,
a glow that everyone can see.

You walk along the stony streets—
the sky is bleakly overcast,
but still your clothes aromas breathe
of village days from times long past.

And if I deeply look at you,
I see much more, O so much more:
the crowns of bygone centuries
still shine beneath the yokes you bore.

For all of you descend from queens—
your faces show your pedigree.
How have you been enslaved like this
and who will help to make you free?

היימישע טעכטער

איך גיי אין די רוישיקע גאַסן —
שוין זעקס איז דער זייגער פֿאַר נאַכט;
אין רייען אין לאַנגע זיך צ׳ען
די ייִדישע טעכטער פֿאַרשמאַכט.

אָ, ייִדישע טעכטער פֿון שעפּער!
אין בליק אײַערס זע איך געהיים,
דעם חן פֿונעם ייִדישן שטעטל,
דעם גלאַנץ פֿון דער ווײַט ווײַטער היים.

איר גייט איבער שטיינערנע גאַסן —
די ערד און דער הימל פֿאַרשטעלט;
דאָך דופֿטן נאָך אײַערע קליידער
די דופֿטן פֿון שטעטלשן פֿעלד.

און קוק איך אײַך אָן אַלע טיפֿער,
דערזע איך נאָך מערער און נאָך:
די קרוינען פֿון טויזנטער יאָרן —
זיי גלאַנצן אַרויס פֿון דעם יאָך.

ווײַל אַלע זײַט איר דאָך בנות־מלכּות —
דער ייִחוס רוט שטיל אײַך אין בליק;
ווי זײַט איר פֿאַרשקלאַפֿט איצט געוואָרן?
ווער ברענגט אײַך צום קעניג צוריק?..

From Our Love No Offspring Remains

by Yoysef Rolnik

From our love no offspring,
no memory remains,
except a small book of poems,
yellowed and torn.

When you are already a mother,
you'll remember my poems
and rock your children
to sleep with them.

And when, some day, your grandson
returns from school
constantly repeating them,
childishly, in a monotone,

you'll add to them the words
that weren't expressed–
after all, you know better than the book
what should be written there.

פֿון אונדזער ליבע איז קיין דור

פֿון אונדזער ליבע איז קיין דור,
קיין זכר ניט געבליבן,
אַחוץ אַ קליינעם לידערבוך,
פֿאַרגעלט און אָפּגעריבן.

ווען דו וועסט זײַן אַ מאַמע שוין,
וועסט די לידער מײַנע
דערמאָנען זיך, פֿאַרוויגנדיק
מיט זיי די קינדער דײַנע.

און ווען אַ מאָל דײַן אייניקל
וועט, קומענדיק פֿון חדר,
איינטאָניק, קינדיש חזרן
זיי איינס נאָך איינס כּסדר,

וועסטו אים אונטערזאָגן דאָס,
וואָס ניט דערזאָגט געבליבן;
דו ווייסט דאָס בעסער פֿון דעם בוך,
ווי ס'דאַרף דאָרט זײַן געשריבן.

On The Ocean Shore *by Fradl Shtok*

What's fluttering so whitely out there?
That shine there–can you see?
A sail, a sail upon a ship
that's coming from across the sea!

The merchandise was gotten there
in foreign, distant Eastern lands.
The ship comes fully laden here:
with bars of gold and silken strands,
with milky pearls and emeralds,
exotic spice and golden lode,
with fiddles and with purple wine,
and strings of beads quite in the mode,

which wealthy people here have bought
from Eastern lands with traders' marts
where young indentured slavey-boys
are hitched to fragile rickshaw carts

to take for quiet, carefree rides
princesses who oft seek surcease
when sounding harps have wakened them
from sleep and dreams of peace.

What's fluttering so whitely out there?
What shines there–can you see?
A sail, a sail upon a ship
that's coming from across the sea.

בײַם ים

וואָס ציטערט אַזוי ווײַס,
וואָס לײַכט זיך אין דער ווײַט?
אַ זעגל פֿון אַ שיף
קומט אָן פֿון יענער זײַט.

די סחורה אָפּגעפֿירט
אין ווײַטן מיזרח־לאַנד,
און קומט געלאָדן פֿול
מיט גאָלד און זײַד־געוואַנט,

מיט פּערל און שמאַראַגד,
געווירץ און גאָלד־געשיר,
מיט פֿידלען און מיט ווײַן
און רויטע קרעלן־שניר

וואָס ס'האָבן רײַכע לײַט
געקויפֿט אין מיזרח־לאַנד,
ווו שוואַרצע שקלאַפֿן־זין
אין וועגעלעך געשפּאַנט

פֿירן אום דאָרט אויף שפּאַציר
די בת־מלכּות פּאַרדעקט,
ווען ס'האָט דאָס האַרפֿן־שפּיל
פֿון שלאָף זיי אויפֿגעוועקט...

וואָס ציטערט אַזוי ווײַס,
וואָס לײַכט זיך אין דער ווײַט?
אַ זעגל פֿון אַ שיף
קומט אָן פֿון יענער זײַט.

In The Tuileries

by Dora Teitelboim

A cool, wrinkled autumn morning
with tousled red hair
leads sleepy guests out of the Tuileries.
A young couple in love
throw crumbs of joy to the fishes.
On a chair of straw
a woman holds the sun on her lap
like a child.

Winds like capable blood-hounds
race along long avenues,
lick the white marble figures,
sniff the bushes,
taste the earth,
and search
for the last remaining traces
of summer.
Blood-stained leaves drip,
drop by drop,
like red rain,
and the trees bend down like camels
to make it easier
for the leaves to fall
in their last moments.

אין טוליערי

אַ קילער, צעקנייטשטער האַרבסט אין דער פּרי
מיט רויטע צעשויבערטע האָר
פֿירט געסט פֿאַרשלאָפֿענע פֿון טוליערי אַרויס.
אַ יונג־פֿאַרליבטע פּאָר קרישקעס פֿרייד
אין וואַסער וואַרפֿן צו די פֿיש.
אויף שטול אַ שטרויענעם, אַ פֿרוי,
ווי אַ קינד די זון האַלט אויפֿן שויס.

ווינטן ווי יאַגד־הינט געניטע
איבער לאַנגע אַלייען זיך יאָגן,
לעקן די מאַרמאָרנע ווײַסע פֿיגורן,
שנאָפּן די קוסטן, שמעקן די ערד
און זוכן פֿון זומער
די לעצטע, פֿאַרבליבענע שפּורן.
פֿאַרבלוטיקטע בלעטער ווי רעגן אַ רויטער
טריפֿן טראָפּ נאָך טראָפּ.
און ס׳בויגן ווי קעמלען די ביימער זיך אײַן,
אַז גרינגער אין רגעס אין לעצטע
דאָס פֿאַלן פֿאַר בלעטער זאָל זײַן.

Estrangement *by Dora Teitelboim*

In two separate trains
on the rails of years,
up and down,
parallel,
one next to the other, we ride.
We speak through the window-panes,
wave our hands, call to each other–
but don't hear each other.
In strange railway terminals,
on dreary station platforms,
we stop for a few moments,
look at each other, lost,
and part–
to continue our journey.
Red signals, green signals,
stations of seasons–
we ride on,
we know not whence
or whither.
We ourselves
are the dreary station platforms.
We ourselves
are the closed, running trains.

פֿרעמדקייט

אין באַנען באַזונדערע צוויי
אויף רעלסן פֿון יאָרן,
באַרג אַרויף, באַרג אַראָפּ,
פּאַראַלעל, איינער לעבן צווייטן
מיר פֿאָרן.
מיר רעדן דורך שויבן,
פֿאָכען די הענט,
רופֿן זיך איבער,
און הערן זיך נישט.
אויף פֿרעמדע וואָקזאַלן,
אויף טריבע פּעראָנען
מיר שטעלן אויף רגעס זיך אָפּ,
קוקן פֿאַרלאָרן זיך אָן
און שיידן זיך,
ווידער צו פֿאָרן.
רויטע סיגנאַלן. גרינע סיגנאַלן.
סטאַנציעס פֿון סעזאָנען —
מיר פֿאָרן.
ווייסן נישט פֿון וואַנען,
ווייסן נישט וווהין.
מיר זײַנען אַליין די טריבע וואָקזאַלן.
מיר זײַנען אַליין די פֿאַרמאַכטע, לויפֿנדיקע באַנען.

A Streetwalker

by Aaron Tseytlin

She always feels
her body is like a pigsty.
Even with clothes on,
she walks around naked–
she always walks around naked.

A lantern shines out of the snow.
There in the lantern, night after night,
the yellow flame flickers
when it sees her,
a burned-out stone
in the flying snow–
completely burned out.

What is she looking at?
Does she see, flying in the snow,
her pure-white soul of yesteryear?
And perhaps she's laughing at the snow,
the nimble tight-rope walker, the magician,
and shows it,
wrapped in swaddling clothes,
an unborn child,
a pale figure of a child,
with choked wet sobs.
And she–she shudders:
"Give it to me, the white child!
The white child is mine!
I'll never give birth to it,
but the white child is mine!"

אַ גאַסן־מיידל

אייביק פּילט זי איר גוף ווי אַ שטאַל.
געקליידעטערהייט אַפּילו
גייט זי אַ נאַקעטע —
אייביק גייט זי אַ נאַקעטע.

פֿונעם שניי ברענט־אַרויס אַ לאַמטערן.
דאָרט אין דער לאַמטערן שוידערט נאַכט בײַ נאַכט
דאָס געלע פֿלעמל, ווען עס זעט זי
אַ פֿאַרלאָשענע שטיין
אין פֿליִענדיקן שניי —
אין גאַנצן אַ פֿאַרלאָשענע.

וואָס קוקט זי אַזוי?
צי זעט זי אומפֿליִען אין שניי
איר ווײַסע,
געוועזענע נשמה?

און אפֿשר לאַכט זי אויס
דער שניי, דער פֿלינקער דראַטן־גייער, דער מכשף,
און ווײַזט איר, אין לײַלעכער געוויקלט,
אַ נישט־געבוירנס,
אַ בלייך פֿיגורל פֿון אַ קינד
מיט נאַס־פֿאַרקלעמטע ווימפּערן
און זי — זי שוידערט:
"גיט מיר עס אַהער, דאָס ווײַסע קינד —
דאָס ווײַסע קינד איז מײַנס!
איך וועל עס קיין מאָל נישט געבוירן,
נאָר —
דאָס ווײַסע קינד איז מײַנס!.."

Antiques *by Miriam Ulinover*

Three girls I know, with rosy cheeks,
were boasting of their fine antiques.

“I have a head-scarf,” boasted one,
“great-grandma’s scarf, it’s match there’s none.”

“A pendant here” said number two,
“from great-grandma’s scarf, with diamonds too.”

The third girl smiled, no comment made,
but softly raised the window-shade:

“The best antique is mine, just see - -
great-grandma’s here alive with me!”

אַנטיקעלעך

אַנומלט האָבן מיידלעך דרײַ, שיינינקע ווי גאָלד,
מיט טײַערע אַנטיקעלעך זיך זאַלבע דריט געפּראָלט:

"איך האָב אַ שטערנטיכעלע, – האָט איינע זיך באַרימט, –
נאָך פֿון מײַן עלטער־באָבעשי, געקעסטלט און געבלימט".

"איך האָב אַ ציטער־נעדעלע, – די צווייטע האָט שטאָלצירט, –
נאָך פֿון מײַן עלטער־באָבעשי, מיט דימענטלעך פֿאַרצירט".

און נאָר דאָס דריטע מיידעלע האָט שטיל אין זיך געלאַכט,
און שטיל דאָס שויבן־טירעלע פֿון אַלקער אויפֿגעמאַכט:

"דאָס טײַערסטע אַנטיקעלע פֿאַרמאָג איך איינער נאָר –
די עלטער־באָבעשי אַליין פֿון איבער הונדערט יאָר!"

Malke My Darling *by Mark Varshavski*

Malke, my darling,
may good health be thine.
Fill up the goblet,
the goblet with wine.

Bim-bam le bim-bam, bim-bam bim-bam (Repeat)

This beautiful goblet,
just look at it shine.
My zeyde drank from it
and now it is mine.

Bim-bam...

Both bad years and good years
have come to our life.
We've kept our old goblet
through storm and through strife.

Bim–bam...

Malke, my darling,
may good health be thine.
To whom shall I drink
of this glowing red wine?

Bim-bam....

I drink to my enemies,
but don't let them know.
Our goblet spurts tears now–
just see how they flow.

Bim-bam...

טײַערע מלכּה

טײַערע מלכּה,
געזונט זאָלסטו זײַן,
גיס אָן דעם בעכער,
דעם בעכער מיט װײַן.
בים באָם...

פֿון דעם דאָזיקן בעכער –
ער גלאַנצט אַזוי שײן –
האָט געטרונקען מײַן זײדע,
מײַן זײדע אַלײן.
בים באָם...

געװען שלעכטע צײַטן,
װי עס מאַכט זיך אַ מאָל,
נאָר דעם בעכער האָב איך געהאַלטן
אײַזן און שטאָל.
בים באָם...

טײַערע מלכּה,
געזונט זאָלסטו זײַן,
פֿאַר װעמען זאָל איך טרינקען
דעם דאָזיקן װײַן?
בים באָם...

כ׳טרינק פֿאַר מײַנע שׂונאים,
נאָר זאָג זײ ניט אױס.
קוק – טרערן, זײ שפּריצן
פֿון בעכער אַרױס...
בים באָם...

Three Sisters

by Morris Vintshevski

In England's a city called Leicester,[6]
in London's a square by that name.
Three sisters work there in the square,
and all have achieved certain fame.

The youngest sells flowers all day,
the second sells laces for shoes,
and late in the night comes the eldest–
her body she lets men abuse.

The younger ones look at their sister–
no hatred at all in their eyes.
The world and the town and the square
all three of them strongly despise.

At night when the younger ones reach
their nest, as they call their poor place,
they secretly moisten the flowers
with tears running down from their face.

[6] Pronounced "Lester"

דרײַ שוועסטער

אין ענגלאַנד איז דאָ אַ שטאָט לעסטער,
אין לאָנדאָן איז דאָ אַזאַ סקווער,
אין סקווער שטייען טעגלעך דרײַ שוועסטער,
די מיידלעך – זיי קען וועד ניט ווער.

די קלענסטע פֿאַרקויפֿט דאָרטן בלומען,
די מיטלסטע – בענדלעך פֿון שיך,
און שפּעט אין דער נאַכט זעט מען קומען
די עלטסטע, וואָס האַנדלט... מיט זיך.

די ייִנגערע בײדע באַטראַכטן
די עלטסטע שוועסטער אָן האַס;
ווײַל אַלע דרײַ מיידלעך פֿאַראַכטן
די וועלט, מיט דער שטאָט, מיט דער גאַס.

און דאָך ווען די קליינע צוויי קומען
צום נעסט, וואָס זיי רופֿן אַ היים,
באַנעצן זיי בענדלעך און בלומען
מיט טרערן, וואָס בלײַבן געהיים.

The Old-Age Home

by Rajzel Zychlinsky

The red brick home
for the aged
smiled to me early this morning
with one bright, sunny wall - -
an old smile
that can only be smiled by old people,
when one eye laughs
and the other cries.
The other walls of the home,
with their curtained windows
in shadows, closed,
grieved ancient griefs
deeply hidden among the bricks.

The Image Of A Stranger

by Rajzel Zychlinsky

The image of a stranger,
a passerby,
that became entangled today
with my reflection
in a mirror,
will never disentangle.
Like waves from a stone thrown into a river,
the waves that were initiated in space
will spread and undulate.
My long, green hair
will shimmer forever
in the clouded eyes
of the stranger

דאָס הויז פֿון די אַלטע

דאָס רויטע ציגלנע הויז
פֿאַר אַלטע לײַט
האָט צו מיר געשמייכלט אין פֿרימאָרגן הײַנט
מיט איין העלער זוניקער וואַנט –
אַן אַלטן שמייכל,
וואָס עס קענען נאָר שמייכלען אַלטע לײַט:
ווען איין אויג לאַכט
און דאָס אַנדערע וויינט.
די אַנדערע וואַנט פֿון הויז,
מיט די פֿאַרהאָנגענע פֿענצטער
פֿאַרשאָטנט, פֿאַרמאַכט,
האָבן געטרויערט אַן אַלטן טרויער
טיף אין זיך אַרײַנגעמויערט.

דאָס געשטאַלט פֿון אַ פֿרעמדן

דאָס געשטאַלט פֿון אַ פֿרעמדן,
אַ פֿאַרבײַגייער,
וואָס האָט זיך הײַנט פֿאַרפּלאָנטערט
מיט מײַן אָפּשפּיגלונג
אין אַ שפּיגל,
וועט זיך שוין קיין מאָל נישט אַרויספּלאָנטערן.
ווי פֿון אַ שטיין געוואָרפֿן אין אַ טײַך
וועלן זיך די אויפֿגעוועקטע כוואַליעס אין רוים
שפּרייטן, וויגן, וועלן – – –
מײַנע לאַנגע, גרינע האָר
וועלן זיך אייביק שוין שווענקען
אין די פֿאַרוואָלקנטע אויגן
פֿון פֿרעמדן.

PREGNANCY

Pregnancy *by Pessi Hirschfeld-Pomerantz*

I am the field that bears your seed,
your love - - breath, rain, wind, and sun.
Without your love I'd quickly wither,
just like the pregnant field without rain or sun.

There grows in me and streams in me your seed,
and fills me with belief in harvest-time.
And like the field, I dream of harvest-time,
of the successful harvest of golden grain.

The field is broad and flat, and sprouts with bread,
and I am mountainous and bloom with life.
I and the field - - we are one, we take and we give;
we labor to bring the world people and bread.

שוואַנגערשאַפֿט

איך בין דאָס פֿעלד וואָס טראָגט אין זיך דײַן זאָמען,
דײַן ליבע – אָטעם, רעגן, ווינט און זון;
כ׳וואָלט אָן דײַן ליבע גיך אַזוי פֿאַרדאָרבן,
פּונקט ווי דאָס פֿעלד אין שוואַנגערשאַפֿט אָן רעגן און אָן זון.

עס וואַקסט אין מיר און שטראָמט אין מיר דײַן זריעה,
און פֿילט מיך אָן מיט גלויבן אין דער שניטצײַט,
און ווי דאָס פֿעלד, איך חלום פֿון דער שניטצײַט,
פֿון געראָטענעם שניט און פֿון גאָלדענער תּבֿואה.

דאָס פֿעלד איז ברייט און פֿלאַך, און שפּראָצט מיט ברויט,
און איך בין בערגלדיק און בלי מיט לעבן;
איך און דאָס פֿעלד – מיר זײַנען איינס, נעמען און מיר גיבן,
מיר האָדעווען די וועלט מיט מענטש און ברויט.

I Love *by Mani Leyb*

I love pregnant women,
with their bellies peaked and swollen
when they are carrying the dual bodies
like cows in grassy dells.

What certainty they all have
in their eyes, which sparkle like springs!
They smell of milk and wet hay,
like a summer evening in the stalls.

You, with your eyes like steel needle-points,
forget, in the conflagration of wounds,
that the roses of their nipples
are ignited by your lips.

איך האָב ליב

איך האָב ליב די מעוברתע ווײַבער
מיט די בײַכער פֿאַרשפּיצט און געשוואָלן,
ווען זיי שלעפּן די טאָפּלטע לײַבער,
ווי די קי אויף די גראָזיקע טאָלן.

וועלכע זיכערקייט טראָגן זיי אַלע
אין די אויגן וואָס שטראַלן ווי קוואַלן!
זיי שמעקן מיט מילך און מיט קאַלע,
ווי זומער פֿאַר נאַכט אין די שטאַלן.

דו, מיט די אויגן ווי שטאָלענע שפּיצן,
דו פֿאַרגעסט בײַ דער שׂריפֿה פֿון וווּנדן,
אַז די רויזן פֿון זייערע ציצן
זײַנען אויף דײַנע ליפּן געצונדן.

When Pregnant Women Weep At Night

by Melekh Ravitsh

When pregnant women weep at night,
frightened in the midst of sleep,
God weeps with them.
He gets up from His divine blue bed,
wanders all through space at night,
extinguishes the stars
in His divine house,
and wakens the white angels–
extinguishes the stars
in His divine house
and wakens the white angels
so they can give silent prayer.

When pregnant women weep at night,
a call goes out across the world,
echoing from one end of it to the other:
"Mo–ther, mo–ther!"

God's divine blue bed has long since cooled off,
and He is wandering through His space at night.
All the depths yawn deeply
and the angels give silent prayer.
God sees the depths–He roars and is silent.
He is frightened–what has He done?

He hears from the depths
the echoes of the call
and the sobbing of warm bloods
in the nocturnal outcry of pregnant women.

װען שװאַנגערע פֿרויען װײנען בײַ נאַכט

װען שװאַנגערע פֿרויען װײנען בײַ נאַכט,
אויפֿגעשראָקן אין מיטן שלאָף,
װײנט גאָט מיט זײ.
הײבט ער זיך אויף פֿון זײַן בלוי געטלעך בעט,
װאַנדערט ער דורך זײַן חלל בײַ נאַכט,
לעשט ער די שטערן אויס
אין זײַן געטלעכן הויז
און װעקט די װײַסע מלאָכים אויף.
לעשט ער די שטערן אויס
אין זײַן געטלעכן הויז,
און װעקט די װײַסע מלאָכים אויף,
אַז זײ זאָלן שטילע תּפֿילה טאָן.

װען שװאַנגערע פֿרויען װײנען בײַ נאַכט,
גײט איבער דער װעלט, גײט אַ װײַטער רוף און רופֿט,
איבערן גאַנצן חלל פֿון עק ביז עק:
מו – טער,
מו – טער!

אויסגעקילט שוין לאַנג גאָטס בלוי געטלעך בעט,
און ער װאַנדערט דורך זײַנע רוימען אין דער נאַכט,
און אַלע אָפּגרונטן גענעצן טיף,
און די מלאכים טוען תּפֿילה שטיל.
און גאָט זעט די אָפּגרונטן, און ער ברומט און ער שטומט,
און עס שרעקט אים – װאָס האָט ער דאָ אויפֿגעטאָן? –
און ער הערט פֿון דער טיף,
דעם אָפּהילך פֿון רוף,
און דאָס כליפּען פֿון װאַרעמע בלוטן
אין נאַכטיקן אויפֿשרײַ פֿון שװאַנגערע פֿרויען.

If I Were To Give Birth To Children *by Rashel Veprinski*

If I were to give birth to children,
every year a child till I had ten,
how wonderful that would be!
In the daytime,
I would nurse them and rock them,
and at night,
in the light of a small candle,
I'd knit sweaters for them
and wash little shirts and diapers.
Early in the morning,
when all were asleep,
I'd hang them on the line
and stand there a while
looking into the big, blue sky
to see whether it would rain that day.
And my heart would secretly swell with pride
at the rustling sound the wind made
when it drove the clothesline back and forth,
making the little shirts and diapers billow out
like the sails of a sailboat,
the sails of my sailboat—
how wonderful that would be!

ווען איך זאָל קינדערלעך געבוירן...

ווען איך זאָל קינדערלעך געבוירן,
יעדן יאָר אַ קינד ביז איך וועל האָבן צען,
ווי וווּנדערלעך דאָס וואָלט געווען!
איך וואָלט זיי דורך די טעג געזויגן און געוויגט,
און אין די אָוונטן וואָלט איך בײַם קליינעם ליכט
לײַבעלעך פֿון וואָל פֿאַר זיי געשטריקט.
העמדעלעך און ווינדעלעך וואָלט איך פֿאַר זיי געוואַשן —
פֿאַר טאָג, ווען אַלע שלאָפֿן,
וואָלט איך זיי צעהאַנגען אויף דער שטריק
און וואָלט אַ ווײַלינקע געשטאַנען,
געקוקט אין גרויסן, בלויען הימל,
אויב ס׳וועט הײַנט רעגענען,
און ס׳וואָלט מײַן האַרץ באַהאַלטן אָנגעקוואָלן
פֿון דעם שירך־שאָרך,
וואָס דער ווינט מאַכט,
טרײַבנדיק די שטריק הין־און־הער,
אויפֿבלאָזנדיק בײַכלעך אין די העמדלעך און ווינדעלעך,
ווי די פֿאָנען פֿון אַ זעגלשיף,
די פֿאָנען פֿון מײַן זעגלשיף —
ווי וווּנדערלעך דאָס וואָלט געווען.

From My Slender Limbs *by Rashel Veprinsky*

From my slender limbs,
unborn children cry
who, through my body,
want to see the whole world
and blossom beneath the sun
with little, curly heads
and wide, wounded eyes,
brown and blue.

But I drown out those clear little voices
deep within me
with a thousand voices of a feverish drive
to be, as now,
eternally flexible and slender,
and free for my fancies,
for starry nights,
and for your caressing hands.

May my days at least pass quickly,
that I may come, still young,
to you,
where you wait with weeping eyes
by the white gates.
I'll gather you up quietly
beneath my maternal wings
and mourn for something,
and weep softly with you.

פֿון מײַנע שלאַנקע גלידער

פֿון מײַנע שלאַנקע גלידער ווײנען קינדער ניט־געבוירענע,
וואָס ווילן דורך מײַן לײַב די ווײַסע וועלט דערזען
און אויפֿבליִען אונטער דער זון
מיט קעפּעלעך געקרויזלטע,
אײגעלעך ברײט פֿאַרוווּנדערטע,
שוואַרצינקע און בלוי.
נאָר טיף אין זיך פֿאַרטויב איך
יענע קלאָרע שטימעלעך
מיט טויזנט שטימען פֿון אַ פֿיבערישן דראַנג
צו זײַן, ווי איצטער, אײביק אַזוי בויגזאַם, אַזוי שלאַנק,
און פֿרײַ פֿאַר מײַן קאַפּריז,
פֿאַר נעכט געשטערנטע,
און פֿאַר דײַנע צערטלענדיקע הענט –
זאָלן מײַנע טעג כאָטש ווערן האַסטיקער פֿאַרשווענדט,
אַז דאָרטן ווו איר וואַרט,
איר וויינענדיקע אײגעלעך אונטער די ווײַסע טויערן,
קומען זאָל איך יונג צו אײַך.
איך וועל אײַך שטיל צוזאַמעננעמען
אונטער מײַנע מאַמע־פֿליגלען,
און אויף עפּעס טרויערן,
און וויינען שטיל מיט אײַך.

RELIGIOUS THEMES

My Mother, Of Blessed Memory *by Khayim Nakhman Bialik*
(from the Vledniker Rebbe's stories)

My mother, of blessed memory,
was a saintly woman—
a desolate widow was she.

One Friday evening,
when treetops glowed in the sunset,
her house had no candles or bread.
She searched for,
and through a miracle found,
two pennies.
"Bread or candles?" she tried to decide.
She ran, then came back—
in her skinny hand, two candles to bless.

The sky has seven stars[7]
and mother's Sabbath
also used seven candles, seven streams of light—
would God's Sabbath be disrupted, then?

What could she do?
Praise be to God for the two candles—
she'd bless them on the empty tablecloth,
without *challah*.
She put on her broad-brimmed bonnet,
changed her dress,
and prepared herself for God—
prepared for the holy Sabbath.

She lit the candles,
then couldn't control herself,
for her heart was overflowing.
She started to weep—
a tear rolled down her cheek
and extinguished one candle.

The Sabbath was shamed—
one of its eyes was blind.
My mother was shaken:
"You'd mock a widow's gift?
If Your servant has sinned,
why sadden the Sabbath too?

מײַן מאַמע, זכרונה לבֿרוכה...
(פֿון װולעדניקער רבינס מעשׂיות)

מײַן מאַמע, זכרונה לבֿרוכה, געװען איז אַ גרויסע צדקת,
אַ װײסטע אַלמנה געזעסן.
איין פֿרײַטיק פֿאַר נאַכט — ס'גליט די שקיעה אין שפּיצן פֿון ביימער
—
און אין שטוב — נישט קיין ליכט, נישט קיין עסן.

זי זוכט — און מיט נסים פֿון הימל — געפֿונען צװיי פּרוטות —
"ברויט אָדער ליכט?" — מיט דער דעה געשלאָגן.
זי לויפֿט, קומט צוריק — אין איר מאָגערער האַנט אַ מתּנה:
צװיי ליכט אויף צום בענטשן געטראָגן.

דער הימל פֿאַרמאָגט זיבן שטערן, דער שבת דער מאַמעס
האָט אויך זיבן ליכט, זיבן שטראָמען;
װעט גאָט דען פֿאַרשטערן זײַן שבת? — און װאָס קען זי העלפֿן?
געלויבט פֿאַר די צװיי איז זײַן נאָמען!

װעט בענטשן די ליכט אויף אַ ליידיקן טישטעך, אָן חלה —
פֿאַרפּוצט זיך אין הויב אין דער ברייטער;
געביטן איר קלייד און זיך מכין געװעזן פֿאַר גאָט.
פֿאַרן הייליקן שבת אַ גרייטע.

געצונדן די ליכט — האָט זי מער ניט געקענט זיך באַהערשן,
װײַל ס'האַרץ האָט מיט בלוט זיך באַגאָסן;
אַרויס מיט געװיין, און אַ טרער איז אַרונטערגעפֿאַלן —
איין ליכט איז געװאָרן פֿאַרלאָשן.

פֿאַרשעמט איז דער שבת, אויף איין אויג אַ בלינדער געשטאַנען —
די פֿרוי איז פֿאַרציטערט געבליבן:
"פֿאַרשעמסט אַן אַלמנהס אַ גאַב? אויב דײַן דינסט האָט געזינדיקט,
צו װאָס נאָך דעם שבת באַטריבן?

װאָס האָסטו זײַן אויג אויסגעשטאָכן?" — מיט אויגן פֿאַרמאַכטע,
פֿאַרדעקט מיט די הענט און פֿאַרביטערט,
אין פֿאַרקלעמטן געװיין, און אין פֿלאַמיקער תּפֿילה
האָבן פּלייצעס און הויב אומגעציטערט.

Why have You poked out its eye?"

Bitterly, with hands covering her closed eyes,
with choked sobs and burning prayer,
her shoulders and bonnet trembled.
The abyss in her heart glowed–
the Mothers[8] and cherubs roared from her throat.
The Divine Spirit had never seen or heard
a person pour out such things.

Then another tear fell from the saint's eyes,
a burning flame from the depths.
Suddenly the room grew twice as bright–
the extinguished candle had lit up again.

When my mother opened her eyes,
the light of Creation poured out in streams–
the Divine Spirit had kissed them with whiteness.
May the saint's virtue abide with us and all Jews!
Amen!

[7] The author probably means the seven extraterrestrial planets known at that time (Pluto had not yet been discovered)
[8] The Biblical matriarchs: Sarah, Rebecca, Rachel, and Leah

אין האַרץ האָבן תּהומען געברויזט, די אמהות און כּרובֿים

זיי האָבן פֿון האַלדז זיך געריסן —

ס'האָט די שכינה נאָך קיין מאָל געהערט און געזען,

ווי אַ מענטש טוט אַזוי זיך צעגיסן.

און דאַן איז נאָך איינע אַ טרער פֿון צדקת געפֿאַלן,

אַ זודיקער פֿלאַם פֿון די גרונטן —

און טאָפּלט איז ליכטיק געוואָרן: ס'פֿאַרלאָשענע ליכטלהאָט נאָך אַ

מאָל זיך אָנגעצונדן.

און ווען ס'האָט די מאַמע געעפֿנט די אויגן, האָט ליכט פֿון בראשית

פֿון זיי זיך געגאָסן אין שטראָמען —

ווי ס'האָט זיי די שכינה געקושט — דער זכות פֿון צדקה זאָל

בײַשטיין

אונדז און אַלע ייִדן. אָמן.

The Maid of Ludmir Returns From Her Desolate Wandering

by Yankev Glatshteyn

Not flesh of your flesh and bone of your bone,
I am the wife of your weeping.
Through the greatest dangers, I hid
the comforting sadness of your images.
From the depths I sang
to all my good friends, the near and dear ones,
but my song sounded more fearsome
to you, the Thirty-Six Unknown Ones.[9]

Save me for them and them for me—
I've never pleaded for myself.
Keep together the sad family
of singing heralds.

Through the most abysmal fears
have I wandered,
carrying my Yiddish Torah-scrolls.
Fears were my nighttime companions,
laments filled my days—
my hours were filled with profane tears.
Not just once was the Maid of Ludmir tempted
to become an ordinary young woman.

But you, dear rebbes,
a Biblical verse of yours, a saying, a proverb
kept my soul from growing weary.
Yiddish words stood guard over me like good angels—
I heard your praying mouths day and night.
Stubbornly I committed you to memory,
and through the worst troubles
I pictured your faces and yearned for them.

Night darkens so deeply on your extinguished crowns.
Let us sing together a quiet Hassidic melody.
Dear faithful Father - - who will repay us for our sorrow?
Your faces are like yellowed parchment - -
letters flicker on them,
fleeting words that kept me alive.
Let's pack up the bit of Jewish poverty
and bring God's translated words

די לודמירער מויד קומט צוריק פֿון ווײַטן וואָגל
(צו רחל קאָרן)

נישט פֿלייש פֿון פֿלייש און ביין פֿון ביין,
כ׳בין דאָס ווײַב פֿון אײַער געוויין.
אין גרעסטע סכּנות האָב איך באַהאַלטן
די טרייסטנדיקע עצבֿות פֿון אײַערע געשטאַלטן.
ממעקים האָב איך געזונגען
צו אַלע מײַנע גוטע, ליבע, נאָענטע,
אָבער פֿאַרכטיקער האָט מײַן געזאַנג געקלונגען
צו אײַך, די זעקס און דרײַסיק אומבאַקאַנטע.

ראַטעווע מיך פֿאַר זיי, זיי פֿאַר מיר.
כ׳האָב קיין מאָל פֿאַר זיך אַליין נישט געבעטן.
האַלט גאַנץ די טרויעריקע משפּחה
פֿון זינגענדיקע שטאַפּעטן.

דורך די אָפּגרונטיקסטע מוראס
האָב איך געוואָגלט,
מיט מײַנע טײַטש־חומש ספֿר־תּורהס.
פּחדנים זײַנען געווען מײַנע נעכט,
יללות מײַנע טעג,
מײַנע שעהען פֿאַרשווערכטע טרערן.
ס׳האָט נישט איין מאָל דער לודמירער מויד געצויגן
אַ טשיסטע מויד צו ווערן.

נאָר איר, טײַערע גוטע ייִדן,
אײַערס אַ פּסוק, אַ זאָג, אַ גלײַכווערטל,
האָבן מײַן נשמה נישט געלאָזט פֿאַרמידן.
ייִדישע רייד האָבן מיך ווי גוטע מלאכים באַוואַכט.
געהערט האָב איך אײַערע דאַוונענדיקע מײַלער טאָג ווי נאַכט.
עקשנותדיק האָב איך אײַך צו מײַן מוח צוגעדענקט,
און דורך די שווערסטע עינויים האָב איך אײַערע פּנימער
אויסגעטראַכט, אויסגעבענקט.

ס׳פֿינצטערט אַזוי פֿיל נאַכט אויף אײַערער פֿאַרלאָשענע קרוינען.
זינגען לאָמיר אין איינעם אַ שטילן, חסידישן ניגון.
טאַטעניו געטרײַער, ווער וועט אונדז פֿאַר אונדזער צער באַלוינען?

to the heartiest ignoramuses,
to the most far-flung Jewish places.
Let's travel slowly in an old-fashioned covered wagon,
all the rebbes together with the Maid of Ludmir.

It's past sunset. Your fur-hatted heads
are sleeping dark crowns.
Your ancient faces are now
both more horrible and more beautiful.
My eyes reflect
your sorrow and your least little song.
Let the best, the saddest Jewish men
wander together.
They will be accompanied by the singing love
of a female rebbe.

[9] In Jewish legend, the 36 hidden saints because of whose merit God permits the world to survive

פֿאַרגעלטער פֿאַרמעט אײַערע געשטאַלטן,
אויף אײַערע פּנימער פֿלאַטערן אותיות,
פֿליִענדיקע ווערטער וואָס האָבן בײַם לעבן מיך דערהאַלטן.
לאָמיר אײַנפּאַקן ס'ביסל ייִדישע אָרעמקייט
און ברענגען גאָטס פֿאַרטײַטשטע ווערטער
צו די האַרציקסטע אַמעראַצים,
צו די פֿאַרוואָרפֿנסטע ייִדישע ערטער;
לאָמיר פֿאָרן פֿאַמעלעך אין אַן אַלט־פֿרענקישער בויד,
אַלע גוטע ייִדן צוזאַמען מיט דער לודמירער מויד.

נאָך שקיעה. אײַערע באַשטרײַמלטע קעפּ
זײַנען שלאָפֿנדיקע פֿינצטערער קרוינען.
די אַלטע פּנימער אײַערע זײַנען איצט
אי אימהדיקער, אי שענער.
אין מײַנע אויגן איז פֿאַרשפּיגלט
אײַער צער, אײַער מינדסט ליד.
זאָלן וואָגלען באַזאַמען די בעסטע,
די טרויעריקסטע ייִדישע מענער.
ס'וועט זיי באַגלייטן די זינגענדיקע ליבשאַפֿט
פֿון אַ ווײַבערישן גוטן ייִד.

Since I Don't Know How *by Berta Kling*

Since I don't know how
to follow your ways,
then let my cottage, God,
stand there on the shore,
and let all who are
exhausted from walking
see the shine
from a light in my window.
The door will be open - -
come in everyone
and gladden my heart;
make the light shine brighter.

אַז איך ווייס ניט

אַז איך ווייס ניט דעם וועג
דײַנע וועגן צו גיין,
טאָ לאָז, גאָט, מײַן שטיבל
בײַם ברעג דאָרטן שטיין,
און אַלע וואָס ווערן
פֿאַרמאַטערט פֿון גיין
וועלן אַ שײַן
אין מײַן פֿענצטער דערזען.
די טיר וועט זײַן אָפֿן,
קומט אַלע אַרײַן
און דערפֿרייט מיך,
מאַכט העלער די שײַן.

The Agunah

by Avrom Liessin

The flickering candles are dying.
The shadows whisper secrets throughout the house
in the peace of Sabbath eve.
She sits at the window, choked with sorrow,
her thirsty lips pressed against the pane.
She gazes into the night and thinks:

Where is it, where is it,
the land that hides him?
Doesn't he hear there, in his shame,
how his child keeps calling him?
That bandit, that forest murderer!

Only the remembering night
hears her quiet, choked weeping.

The chained woman
forgets her misfortune all week, when work fills her days,
but no sooner does the Sabbath arrive
than there blazes up
the painful image of her young, disappeared love–
no peace for her soul!

Her gaze wanders far.
The wind brings her a greeting:
Somewhere, defiantly and wantonly,
her husband is laughing with a woman at his side.
The sound of a kiss echoes from afar.

Only the hidden night
hears her quiet, choked weeping.

The moon looks in through the window.
Its cold, silvery shine
reflects in her burning tears.
Her sick child groans in his sleep
and pulls her out of her reverie.
The vision disappears
and she goes wearily to his bed.

די עגונה

עס גייען די צאַנקנדע ליכטלעך שוין אויס,
עס סודען די שאָטנס זיך שטיל דורכן הויז
אין אָפּרו פֿון פֿרײַטיק־צו־נאַכטס.
זי זיצט פֿאַרן פֿענצטער, פֿון אומעט דערשטיקט,
אין שויב מיט די דאָרשטיקע ליפּן פֿאַרדריקט,
זי קוקט אין דער נאַכט און זי טראַכט:

ווו ליגט עס, ווו ליגט עס, דאָס לאַנד,
וואָס האַלט אים בײַ זיך און באַהאַלט;
צי הערט ער דאָרט ניט אין זײַן שאַנד
ווי ס'רופֿט אים דאָס קינד נאָך אַנאַנד?
דער גזלן, דער רצחן פֿון וואַלד!

עס הערט די דערמאָנענדע נאַכט נאָר אַליין
איר שטילן, פֿאַרשטיקטן געוויין.

די פֿרוי, אין דעם יאָך, דורך די טעג פֿון דער וואָך,
פֿאַריאָגט פֿון דער אַרבעט, פֿאַרגעסט זי איר בראָך;
און קוים נאָר דער שבת פֿאַלט צו,
דאַן ווידער פֿלאַמט אויף פֿאַר איר שמאַכטיקן בליק
דאָס בילד פֿון איר יונגן, פֿאַרשווונדענעם גליק.
עס לויפֿט פֿון נשמה די רו.

עס בלאָנדזשעט איר בליק ערגעץ ווײַט —
עס ברענגט איר דערווינט אַ גערוס:
אָט לאַכן ווי חצופֿיש־פֿאַרשײַט
איר מאַן מיט אַ פֿרוי בײַ דער זײַט,
אָט הילכט איר פֿון ווײַטן אַ קוש.

עס הערט די פֿאַרטײַעטע נאַכט נאָר אַליין
איר שטילן, פֿאַרשטיקטן געוויין.

עס קוקט די לבֿנה אין פֿענצטער אַרײַן —
עס שפּיגלט דער קאַלטער, דער זילבערנער שײַן
זיך אָפּ אין איר ברענענדער טרער;
עס קרעכצט פֿון אַ חלום דאָס קרענקלעכע קינד,
עס טוט איר אַ ריס, און די זאָרג פֿאַרשווינדט —
זי לאָזט זיך צום בעטעלע שווער.

זי טוליעט און דריקט צו איר ברוסט
אַלץ פֿעסטער דאָס שלאָפֿיקע קינד,

She hugs and presses to her breast,
ever more firmly, the sleepy child,
and kisses and kisses and kisses him,
as if she wanted to kiss away
his father's crime and sin.

און קושט עס און קושט עס און קושט,
ווי אָפּקושן וואָלט זי געגלוסט
דעם פּאָטערס פֿאַרברעכן און זינד.

עס הערט די אַלץ־הערנדע נאַכט נאָר אַליין
איר שטילן, פֿאַרשטיקטן געוויין.

What If

by Kadia Molodowsky

What if
the fliers return
and say there is no Heaven?
Where will I turn my gaze
if not higher, if not above?

How will I bear the grayness of the rain,
the dust of the stony streets?
How will I save myself from great revulsion?
And who will help me write poems
if there's nothing there above?

But I won't believe the fliers–
I will not believe them...

Because I have seen an angel,
not just once but many times,
and he rescued me
from plagues that threaten.
And I will not trust the fliers–
I will not trust them.

And what if
the fliers return
and deny the existence of Paradise,
the home of the saints?
And how will I be successful
if not with the saints?
If I don't hold onto their coat-tails,
how will I cross over the ditches and cracks in the road?
And who will sustain my poor soul
and where will I loose my tears?

און וואָס וועט זײַן

און וואָס וועט זײַן –
אַז צוריק וועלן קומען די פֿלי̇ער
און זאָגן, אַז עס איז קיין הימל נישטאָ?
איז ווּ וועל איך ווענדן די בליקן,
אויב נישט העכער, נישט אויבן?

ווי וועל איך פֿאַרטראָגן די גרויקייט פֿון רעגן,
פֿון שטיינערנע גאַסן די שטויבן?
ווּ וועל איך זיך רעטן פֿון שווערן דערווידער
און ווער וועט מיר העלפֿן צו שרײַבן די לידער
אויב ס'איז גאָרנישט מיט גאָרנישט דאָרט אויבן?

נאָר איך וועל די פֿלי̇ער נישט גלייבן.
איך וועל זיי נישט גלייבן...

ווײַל איך האָב אַ מלאך געזען,
נישט איין מאָל, אַ סך מאָל,
און ער האָט מיך מציל געווען –
פֿון פּלאָגן וואָס דראָען.
און איך וועל די פֿלי̇ער נישט טרויען,
איך וועל זיי נישט טרויען.

און וואָס וועט זײַן –
אַז צוריק קומען די פֿלי̇ער
און אָפּלייקענען דעם גן־עדן?
די היים פֿון צדיקים,
איז ווי וועט מיר גליקן
אַריבער פֿאַפּירענע בריקן
אויב נישט מיט צדיקים?
אויב כ'וועל זיך בײַ זייערע פֿאָלעס נישט האַלטן,
ווי וועל איך אַריבערגיין גריבער און שפּאַלטן?
ווער וועט מיר מײַן אָרעמען נפֿש דערהאַלטן
און ווּ וועל איך אויפֿלייזן טרערן?

But I won't listen to the fliers–
I won't listen to them.

Because I have seen saints,
not once but many times–
they were yoked and oppressed,
carrying the weight of the world on their backs.
So I won't look at the fliers–
I won't look around and look at them.

Those who weave the blueness of Heaven
can reach Heaven–
they've walked on miracles, as if on steps,
and know the ways of the learned men.

נאָר איך וועל די פֿליִער נישט הערן,
איך וועל זיי נישט הערן.

ווײַל איך האָב צדיקים געזען,
נישט איין מאָל, אַ סך מאָל.
זיי זענען געגאַנגען אין יאָך און אין קלעם,
געטראָגן די וועלט אויפֿן רוקן,
וועל איך אויף די פֿליִער נישט קוקן,
נישט אומקוקן זיך און נישט קוקן.

עס קענען צום הימל דערגרייכן
די וואָס וועבן די הימלישע בלויען,
און האָבן אויף ניסים געשפּאַנט ווי אויף טרעפּ
און קענען די גענג פֿון נהרדעאָ.

Crumbling Pages *by Kadia Molodowsky*

An old prayer-book lies before me,
with yellowed pages,
dog-eared at prayers about dew and rain,
about the sacrifice of Isaac,
and about Nimrod's fiery lime-ovens.
Silent tears have fallen there
and made the pages soft,
the way a heart grows soft from prayer,
and the "let His will be done"'s are marked with the pointer
and smeared from repeated reciting.
Who will now carry the prayer-book
God-fearingly under his arm?
And who will leaf through the yellowed pages?
Perhaps I should take it onto my green table
and lay it down in the middle,
and when dryness afflicts my heart,
bring it to my burning lips.

אָפּגעשיטע בלעטער

אַן אַלטער סידור ליגט פֿאַר מיר
מיט בלעטער געלע אײַנגעבויגענע אין ראָגן:
בײַ תּחינות וועגן טל און מטר,
בײַ דער עקדה יצחקס
און בײַ דעם ברענענדיקן קאַלכאויוון פֿון נימרד.
עס זײַנען טרערן דאָרט געפֿאַלן שטילע
און ווייך געמאַכט דאָס בלאַט,
ווי ווייך אַ האַרץ ווערט בײַ אַ תּחינה,
און יהי רצונס זײַנען אַלע אויסגעטיילט מיטן פֿינגער,
און שוואַרץ פֿאַרלאָפֿן פֿון דעם זיבנמאָליקן זאָנג.
איז ווער וועט איצטער דעם סידור גאָטספֿאָרכטיק
אונטערן אָרעם טראָגן?
און ווער וועט איבערמישן געלע בלעטער?
אפֿשר גאָר זאָל איך אים נעמען אויף מײַן גרין געדעקטן טיש,
אַוועקלייגן אין מיטן,
און ווען אַ טרוקעניש וועט פֿאַלן אויף מײַן האַרץ,
דעם סידור נעמען צו די ברענענדיקע ליפּן.

Old Nekhama *by Avrom Mikhl Sharkanski*

What's bothering old Nekhama?
What does she lack, the aged mama?
She's with her children now!
They brought her here
from Lithuania, her rich children,
and greatly appreciate her.

She traveled joyously–
after all, she'd yearned for many years
to see her sons and grandchildren!
So what can be lacking to a mother
who is together with her children?
What terrible thing has happened?

How can the mama be satisfied?!
Her sons are no Jews–
not a Yiddish word is heard!
They don't live with Jews,
so how can Nekhama like it–
how can she stay there?

They never open a *Siddur*[10],
they sing only Gentile songs
and speak only the Gentile language.
The grandchildren don't know the *aleph-beys*[11]–
that cuts her heart like a knife!
How can she ignore that–oh!

Her clever grandchildren
think she is crazy
and silently mock her.
Of what use is the old grandma
who thinks only of the next world?
What good is her craziness to them?

And she, our aged Nekhama,
the faithful, gentle mama,
Often sits and silently weeps.
She yearns for the years gone by,
regrets that she came,
and wants only to die.

[10] Jewish prayer book
[11] The alphabet in which Hebrew and Yiddish are written

די אַלטע נחמה

וואָס איז מיט דער אַלטער נחמהן?
וואָס פֿעלט דער באַיאָרנטער מאַמען?
זי איז מיט די קינדערלעך יעצט!
עס האָבן געבראַכט איר צו פֿירן
פֿון ליטע די קינדער, די גבֿירים,
און האַלטן איר הויכגעשעצט.

זי איז דאָך מיט שׂימחה געפֿאָרן,
זי האָט דאָך געבענקט לאַנגע יאָרן,
די זין מיט די אייניקלעך זען!
נו — וואָס זשע קען פֿעלן דער מאַמען,
וואָס איז מיט די קינדער צוזאַמען —
וואָס איז פֿאַר אַ בייז איר געשען?

ווי קאָן זײַן די מאַמע צופֿרידן?
די זין אירע זײַנען קיין ייִדן,
מע הערט ניט אַ ייִדיש וואָרט!
מע ווינט ניט מיט ייִדן צוזאַמען,
ווי קאָן עס דען שמעקן נחמהן,
ווי קאָן זי גאָר אײַנזיצן דאָרט?

מע עפֿנט צו מאָל ניט קיין סידור,
מע זינגט לויטער גוייִשע לידער,
מע רעדט נאָר די גוייִשע שפּראַך,
די אייניקלעך קענען קיין אַלף,
עס שנײַדט איר דאָס האַרץ מיט אַ חלף,
ווי קען זי פֿאַרגעסן דאָס, אַך!

די אייניקלעך אירע, די קלוגע,
זיי קוקן אויף איר ווי משוגע,
און שטילערהייט מאַכן זיי שפּאַס;
וואָס טויג זיי די אַלטינקע באָבע,
וואָס האָט נאָר אין זיך עולם־הבא,
וואָס טויג זיי דען איר משוגעת?

און זי, אונדזער אַלטע נחמה,
די טרײַע, די צערטלעכע מאַמע,
זי זיצט אָפּט און וויינט אין דער שטיל;
זי בענקט נאָך אַמאָליקע יאָרן,
חרטה האָט זי אויפֿן פֿאָרן,
און שטאַרבן — איז דאָס וואָס זי וויל.

When Grandma Comes To Me In Dreams *by Fradl Shtok*

When grandma comes to me in dreams,
with her loose blouse
and white head-cloth,
she spreads her fingers like this.

I see before my weary eyes
the white candles in their silver sticks
and wine and challah in a cloth.
My eyes grow damp with tears.

"Now here's the way to bless, my dear,"
she whispers softly,
"and when your groom comes to make *kiddush*,[12]
sip the wine from his goblet."

"The little sack with Sabbath spices,
to revive you when you're feeling faint,
please carry upon your breast–
that way you'll have beautiful children."

[12] A blessing over wine

קומט די באָבע מיר צו חלום

קומט די באָבע מיר צו חלום
אינעם קאַפּטל אינעם ברייטן,
אינעם ווײַסן שטערן־טיכל,
נעמט זי אירע פֿינגער שפּרייטן

איבער מײַנע מידע אויגן
ווײַסע ליכט און זילבער־לײַכטער,
ווײַן, און חלה צוגעדעקטע —
מײַנע אויגן: פֿײַכטער, פֿײַכטער...

"אַזוי טאָכטער, זאָלסטו בענטשן"
שעפּטשען, שעפּטשען אירע ליפּן,
"ווען ער קומען קידוש מאַכן,
זאָלסטו פֿון זײַן בעכער זיפּן.

"און דאָס טאָרבעלע מיט בשׂמים,
אין אַ שלאָפֿקייט צו דערלאַבן,
זאָלסטו טראָגן אויפֿן האַרצן
ווערסטו שיינע קינדער האָבן".

The Sabbath Candles

by Miriam Ulinover

Now you're a sweet little wife–
may you live and be well.
Here I give you Sabbath candles
and two candlesticks as well.

On a 'short Friday'[13],
remember even then:
light the candles right on time–
make sure you don't forget when.

To God at candle-lighting
softly say your prayer.
Cover your eyes as is the way,
but do not singe your hair.

And if you leave the house
at end of week's busy days,
remember to take the Sabbath candles–
take them, take them on your way.

You may find yourself in open fields–
alone, alone you'll be.
Just hang the Sabbath candles there
from the branch of a linden tree.

The Challahs

by Miriam Ulinover

"Whoever is too lazy to braid a challah
will still braid her hair when gray"
says my grandma, chasing me to the trough.
I quietly hold my head and say:

"What about the baker-girl?
Challahs every week–what a pain–
braided and elaborately so,
but an old maid she remains."

[13] On a winter Friday ,when it gets dark early

די שבת־ליכטער

איצט ביסטו שוין אַ ווײַבעלע
ביז הונדערט צוואַנציק יאָר, —
איצט נאַדיר שבת־ליכטעלעך
און לײַכטערלעך צוויי פּאָר.

אין 'קורצן פֿרײַטיק', ווײַבעלע,
געדענק, אַפֿילו דאַן
צינד אָן בײַ צײַטנס ס'ליכטעלע,
נישט עובֿר זײַן דעם זמן!

צו ג־ט בײַ שבת־ליכטעלעך
בעט שטיל און הייס ביז גאָר;
פֿאַרשטעל, ווי ס'קומט, די אויגעלעך,
נאָר זענג נישט אָפּ די האָר.

און לאָזטו אפֿשר זיך פֿון הויז
אַמאָל סוף־וואָך אַוועק, —
געדענק, די שבת־ליכטעלעך
נעם מיט, נעם מיט אין וועג!

קאָנסט בלײַבן נאָך אין רייִנעם פֿעלד,
אַליין אין ברייטן רוים...
טריף אָן די שבת־ליכטעלעך
אין דרויסן צו אַ בוים.

די חלות

"ווער עס פֿוילט זיך פֿלעכטן חלות,
פֿלעכטן וועט אַ גרויען צאָפּ" —
יאָגט די באָבע מיך צום מולטער,
כאַפּ איך שטיל זיך פֿאַרן קאָפּ:

און דאָס געלע בעקער־מיידל?
חלות יעדע וואָך — אַ בויד —
אָנגעפּלאָכטן אויסגעטאָקטע,
און געבליבן אַלטע מויד!

My God *by Rashel Veprinski*

I clamber up the mountains of Safed–
Somewhere there, I think, lives God.
I call Him with my Yiddish words,
and he answers me in Yiddish–and why not?
With His Jews there in the ghetto,
He sanctified the Yiddish word–
in bunkers He sang the Yiddish lore.
Its life then hung upon a hair,
but He brought the remnants out of the camps.
There will be a people, so there must be a God.

I clamber up the mountains of Safed–
somewhere there, I think, lives God.
I call Him with my Yiddish words,
and He answers me–in Yiddish.
And why not?

מײַן גאָט

קלעטער איך אין די געבערג פֿון צפֿת –
דאָ ערגעץ, מיין איך, וווינט גאָט...
איך רוף אים מיט מײַן ייִדיש וואָרט
און ער ענטפֿערט אין ייִדיש – פֿאַר וואָס דען ניט?
מיט זײַנע ייִדן אין געטאָ דאָרט,
האָט ער געהייליקט דאָס ייִדישע וואָרט...
אין בונקערס געזונגען דאָס ייִדישע לאָר;
זײַן לעבן איז דעמאָלט געהאָנגען אויף אַ האָר...
נאָר ר׳איז אַרויס מיט די רעשטלעך פֿון קאַצעט –
ס׳וועט זײַן אַ פֿאָלק – מוז זײַן אַ גאָט...

קלעטער איך אויף די געבערג פֿון צפֿת –
דאָ ערגעץ, מיין איך, וווינט גאָט...
איך רוף אים מיט מײַן ייִדיש וואָרט
און ער ענטפֿערט – אין ייִדיש –
פֿאַר וואָס דען ניט?

Grandma's Prayer

by Hinda Zaretsky

Beyond the border, past the road,
an ancient, ancient house once stood.

Three generations once lived there–
they hoped and dreamed in love and prayer.

My grandma–Beyle was her name indeed–
her children bore from kosher seed,

and generation three, like mushrooms after rain,
spun out the thread of grandma's strain.

* *

She got up early, at the dawn,
and poured the nail-wash water out.
"I thank you, O Creator mine,
who keep me in my clearest mind.
In deep blue skies I see Your face,
and in the trees and in the grass–
I see Your presence everywhere.
And so I pray, Creator mine,
for You to strengthen all my limbs
and make me truly worthy too,
so I may hear Messiah's horn.
And let my bones forever rest
near Mother Sarah's ancient tomb."

דער באָבעס תּפֿילה

א׳
אויף יענער זײַט גרענעץ, אויף יענער זײַט וואַלד,
אַ שטוב איז געשטאַנען, אַ שטוב זייער אַלט.

דרײַ דורות געלעבט אין זאָרגן, אין חלום,
דרײַ דורות געהאָפֿט אויף אייביקן שלום.

די גוטע באָבע, ביילע ז׳געוועזן איר נאָמען,
און קינדער געבוירן פֿון איר כּשרן זאָמען;

זײַנען אייניקלעך געקומען ווי נאָך אַ רעגן שוואָמען
און געשפּונען דעם פֿאָדעם פֿון איר ליבן נאָמען.

ב׳
אויפֿגעשטאַנען פֿרי, באַגינען,
אָפּגעגאָסן נעגל־וואַסער –
"דאַנק איך דיר, דו בורא־עולם,
פֿאַר מײַן ליכטיק קלאָרן זינען.
אינעם טיפֿן בלויען הימל
זע איך קלאָר דײַן הייליק פּנים:
אין דיביימער, אין די גרעזער,
אומעטום דײַנע סימנים –
בעט איך דיך, דו, בורא־עולם,
זאָלסט מיך שטאַרקן יעדן אבֿר
און דעם שופֿר־המשיח
זאָל איך זוכה זײַן צו הערן,
און רוען זאָלן מײַנע ביינער
אין לאַנד פֿון מוטער שׂרהס קבֿר".

What Wall

by Rajzel Zychlinsky

What wall can so straighten
our backs
as the Western Wall?

What dust can so extinguish
our ash
as the dust from Mother Rachel's tomb?

What cave can so heal,
gather our tears,
as the Cave of the Patriarchs?

The Kind Hand

by Rajzel Zychlinsky

The kind hand
that feeds the pigeons in New York,
(and feeding pigeons
is strictly forbidden here,
in big letters
on streets and green squares);

the kind hand
that leads a blind man
across a street–
and the blind man is heavy and dark,
like a mountain;

the kind hand
that pets a homeless dog,
its lonely, bowed head–
that kind hand
will rescue the world
from chaos and destruction.

װעלכע װאַנט

װעלכע װאַנט קען אַזױ אױסגלײַכן
אונדזער רוקן
װי דער כּותל־מערבֿי?

װעלכער שטױב קען אַזױ לעשן
אונדזער אַש,
װי דער שטױב פֿון דער מאַמע רחלס קבֿר?

װעלכע הײלן קענען אַזױ הײלן,
אײַנזאַמלען אונדזער צער,
װי די הײלן פֿון דער מערת־המכפּלה?

די גוטע האַנט

די גוטע האַנט,
װאָס שפּײַזט די טױבן אין ניו־יאָרק,
און שפּײַזן טױבן
איז דאָ שטרענג פֿאַרבאָטן
מיט אותיות גרױסע
אין גאַסן,
אין גרינע סקװוערן;
די גוטע האַנט,
װאָס פֿירט אַ בלינדן איבער אַ גאַס
און דער בלינדער איז װי אַ באַרג
שװער, פֿינצטער —

די גוטע האַנט,
װאָס גלעט אַ הײמלאָזן הונט,
זײַן עלנט געזונקענעם קאָפּ —
די גוטע האַנט
װעט מציל זײַן די װעלט
פֿון כאַאָס און פֿון אונטערגאַנג.

A Passage From The Bible *by Rajzel Zychlinsky*

I study every day
a passage from the Bible
and anchor myself
to my people,
to God.
I cry out from the shadowy
ancient wells:
Here I am, here I am!
And God calls no longer.

אַ פּרשה חומש

איך לערן יעדן טאָג
אַ פּרשה חומש
און פֿאַראַנקער זיך
צו מײַן פֿאָלק,
צו גאָט.
איך שרײַ אַרויס פֿון די פֿאַרשאָטענע,
אוראַלטע ברינעמער:
דאָ בין איך!
דאָ בין איך!
און גאָט רופֿט נישט מער.

ROMANTIC LOVE

Girls *by A.L. Baron*

Along the summer-garden paths,
I always pass two girls I know.
There's nothing that can make them leave,
not pounding rain nor blowing snow.

"Please tell me, girls, so poor and pale–
what draws your feet here with such speed?
Just hunger, want, or cellars damp,
or is it some more urgent need?"

"It's poverty and want for me,"
says one with sad and mournful mien.
"Not so for me," the second says,
"it's someone dear, a man I've seen.

He hates me, though. I'll tell you why:
it's just because I've gotten old.
Now come—-you be my loving boy;
I feel so very, very cold."

Along the lovely garden paths
the girls of summer oft appear.
The blood of broken hearts spills there,
and from their lips the plea: "Come here!"

מיידלעך

אויפֿן וועג פֿון זומער־גאָרטן
וואַרטן שטענדיק מיידלעך צוויי,
קיין זאַך יאָגט זיי ניט פֿון דאָרטן,
ניט קיין רעגן, ניט קיין שניי.

– זאָגט מיר, שוועסטער, אָר׳מע, בלאַסע,
וואָס האָט אײַך אַהער געבראַכט
הונגער דלות, קעלערס נאַסע,
אָדער גאָר אַן אַנדער מאַכט?

– מיך דער דלות און דער הונגער! –
ענטפֿערט איינע טרוי׳ריק שווער;
– מיך, אַ ליבער מענטש, אַ יונגער –
ווײַזט די צווייטע אָן אַהער...

– פֿײַנט האָט ער מיך נאָר דעריבער,
ווײַל איך בין געוואָרן אַלט:
איצטער, קום! זײַ דו דער ליבער...
קאַלט איז מיר, אָ זייער קאַלט...

אויפֿן וועג פֿון זומער־גאָרטן
גייען מיידלעך פֿיל אַרום;
בלוט פֿון האַרצן גיסט זיך דאָרטן
פֿון די ליפּן הערט מען: – קום!..

Meanwhile *by Soreh Birnbaum*

Meanwhile
I'm cleaning up
my room.
Meanwhile,
the flower-pot
is blooming
on the window-sill.
And all of me
is waiting - -
waiting and waiting
for the great day,
which must come.

אויף דער ווײַל

אויף דער ווײַל
פּוץ איך אויס
מײַן צימער,
אויף דער ווײַל
בליט־אויף
דער בלומענטאָפּ
אויף מײַן פֿענצטער.
און אַלץ מיט מיר
וואַרט —
וואַרט און וואַרט,
אויף דעם גרויסן טאָג —
וואָס דאַרף קומען.

I Am Drowned

by Tsilye Dropkin

I am drowned
in a deep well.
My eye still sees
your blue eye above me,
looking for me and trying to save me.
Or perhaps it is
a piece of blue sky,
looking, like your blue eye, into the well.
I'm so drawn by the silent depths,
the black water, the deeps.
The moldy walls of the well
are slippery,
and my hands
can't grasp them.
You no longer see me - -
you take your blue eye away from the well.

I Haven't Seen You Yet

by Tsilye Dropkin

I haven't seen you yet
when you're sleeping.
I want to see you while you sleep,
when you lose control of yourself
and your power over me.
I want to see you helpless,
weak,
mute.
I want to see you
with your eyes closed, not breathing.
I want to see you dead.

איך בין אַ דערטרונקענע

איך בין אַ דערטרונקענע
אין אַ טיפֿן ברונעם.
עס זעט נאָך מײַן אויג
דײַן בלויען אויג פֿון אויבן,
וואָס זוכט מיך און וויל מיך רעטן.
צי אפֿשר איז דאָס גאָר
אַ שטיקל בלויער הימל,
וואָס קוקט, ווי דײַנס אַ בלוי אויג, אַרײַן אין ברונעם?
עס ציט מיך אַזוי דער שטילער אָפּגרונט,
דאָס שוואַרצע וואַסער, די טיפֿקייט.
די פֿאַרשימלטע ברונעמווענט
זײַנען גליטשיק,
און מײַנע הענט פֿאַרלירן די קראַפֿט
פֿון באַרירונג מיט זיי.
— — — — — — — — — — —
דו זעסט מיך שוין מער ניט,
דו נעמסט אַוועק דײַן בלוי אויג פֿון ברונעם.

איך האָב דיך נאָך נישט געזען

איך האָב דיך נאָך נישט געזען
אַ שלאָפֿנדיקן.
עס ווילט זיך מיר זען ווי דו שלאָפֿסט,
ווען דו פֿאַרלירסט דײַן מאַכט איבער זיך,
איבער מיר.
עס ווילט זיך מיר זען דיך אַ הילפֿלאָזן,
אַ שוואַכן,
אַ שטומען.
עס ווילט זיך מיר זען דיך מיט אויגן
פֿאַרמאַכטע, אָן אָטעם.
עס ווילט זיך מיר זען דיך אַ טויטן.

You Debase Me Today

by Tsilye Dropkin

You debase me today
with your not looking at me,
with your silence,
like one detached, in the shadow of temptation.

I would like you
not to avert your gaze from me,
and to say something to me softly
so I would hear you
while drowning in your eyes—
to look at me as you used to
when I felt you
take my soul in your hands
and softly kiss it.

Adam

by Tsilye Dropkin

A spoiled young man
caressed by many women's hands,
I encountered you on my way,
young Adam.
And before I laid my lips on you,
you pleaded with me,
with a face paler and more delicate
than the most delicate lily:
"Don't bite me, don't bite me!"
I saw that your body
was covered with bite-marks.
Trembling, I bit into you.
You blew air onto me
through your thin nostrils
and moved closer to me
like a hot horizon to the meadow.

דו דערנידעריקסט מיך הײַנט

דו דערנידעריקסט מיך הײַנט
מיט דײַן נישט קוקן אויף מיר,
מיט דײַן שווײַגן,
ווי אַן אָפּגעשיידטער אין דעם שאָטן פֿון נסיון.

איך וואָלט וועלן,
דו זאָלסט ניט אַראָפּנעמען פֿון מיר דײַנע אויגן
און עפּעס מיר שטיל דערציילן,
און איך זאָל דיך הערן,
זינקענדיק אין דײַנע אויגן.

קוק אויף מיר ווי דאַן,
ווען איך האָב דערפֿילט
ווי דו נעמסט מײַן נשמה אין דײַנע הענט
און קושסט זי שטיל...

אָדם

אַ צעלאָזענעם,
אַן אויסגעצערטלטן פֿון פֿילע פֿרויען־הענט,
האָב איך דיך אויף מײַן וועג געטראָפֿן,
יונגער אָדם.
און איידער איך האָב צוגעלייגט צו דיר מײַנע ליפּן,
האָסטו מיך געבעטן
מיט אַ פּנים, בלאַסער און צאַרטער
פֿון דער צאַרטסטער ליליע:
– ניט בײַס מיך, ניט בײַס מיך.
איך האָב דערזען, אַז דײַן לײַב
איז אין גאַנצן באַדעקט מיט צייכנס פֿון ציינער,
אַ פֿאַרציטערטע האָב איך זיך אין דיר אײַנגעביסן.
דו האָסט פֿונאַנדערגעבלאָזן איבער מיר
דײַנע דינע נאָזלעכער,
און האָסט זיך צוגערוקט צו מיר,
ווי אַ הייסער האָריזאָנט צום פֿעלד.

A Shadow Of Your Dress

by Dovid Eynhorn

A shadow of your dress
has fallen upon me.
A slight silken rustle
makes my heart skip a beat.

I stand alone and listen—
my soul expires with joy,
and someone tells me secretly:
"She comes, she comes, she comes!"

I hear your tread now.
It seems to me your hand
touches my brow and strokes it,
and closes my eyes.

I hear your tender voice—
it sings, it kisses, it speaks.
And deep, deep within me
a silent prayer grows.

אַ שאָטן פֿון דײַן קלייד

גערפֿאַלן איז אויף מיר
אַ שאָטן פֿון דײַן קלייד,
אַ לײַכטער זײַדן שאָרך
האָט אויפֿגעדריקט מײַן האַרץ.

איך שטיי אַליין און האָרך,
מײַן זעל גייט־אויס פֿון פֿרייד,
און עמעץ סודעט מיר:
זי גייט, זי גייט, זי גייט!

אָט הער איך דײַנע טריט,
אָט דוכט מיר, דײַנס אַ האַנט
באַרירט מײַן ברעם און גלעט,
און מאַכט דאָס אויג מיר צו:

איך הער דײַן צאַרטע שטים,
זי זינגט, זי קושט, זי רעדט —
און טיף, און טיף אין מיר
וואַקסט־אויס אַ שטיל געבעט.

It's Not Your Beauty *by Shmuel Halkin*

It's not your beauty that I miss–
that beautiful you're really not.
Your charm, now, I remember well–
I really miss it quite a lot.

And for your sad, red lips I yearn,
those lips that pout and madly tease.
They used to silently complain
and plead with me: please love us, please!

To speak to you quite honestly,
I'd love to tell you how I feel,
but speaking out is dangerous–
just thinking of you makes me reel.

ניט פֿאַר דײַן שיינקייט

אַז גאָר ניט פֿאַר דײַן שיינקייט –
ביסט גאָר ניט אַזוי שיין –
נאָר שטענדיק כ׳וועל געדענקען
און בענקען נאָך דײַן חן.

און נאָך ליפּן דײַנע,
וואָס זײַנען עטוואָס טריב,
און שטומערהייט זיי טענהן
און בעטן: האָב אונדז ליב.

אויב זײַן אין גאַנצן ערלעך,
כ׳וואָלט מערער דיר פֿאַרטרויט,
נאָר זאָגן איז געפֿערלעך –
פֿון טראַכטן ווער איך רויט.

Stop

by Malke Heifetz-Tussman

For days
the telephone hasn't rung.
How can that be?
Long, restless nights
with no ring of the telephone—
she can't close her eyes.
How can a house be so silent?

Even a dove
warbles once in a while,
even a mouse
squeaks once in a while,
and here the telephone
should at least ring once in a while!

The non-ringing
hums in her ears,
deafeningly.
The endlessness of the non-ringing
tears at her brain,
maddeningly.

She grabs the receiver
and screams into it:
"Stop!
I'm not waiting for a telephone call!
I'm not waiting for a ring!
Stop!"

הערט אויף

טעג
דער טעלעפֿאָן האָט ניט געקלונגען.
ווי קען דאָס זײַן?
לאַנגע, אומרויִקע נעכט –
קיין קלונג פֿון טעלעפֿאָן,
ס'לאָזט ניט צומאַכן אַן אויג.
ווי קען אַ הויז זײַן אַזוי שטום?

אַ טויב
טוט אויך אַ מאָל אַ וואָרקע,
אַ מויז
טוט אויך אַ מאָל אַ שקראָב,
און דאָ
אַ טעלעפֿאָן
זאָל איין מאָל כאָטש אַ קלונג טאָן.

דער ניט־קלונג
זשומעט אין די אויערן,
נאָר טויב צו ווערן.
דאָס נישט אויפֿהערן ניט קלינגען
רײַסט איר אויף דעם מוח
נאָר פֿון זינען אַראָפּ.

זי האָט אַ כאַפּ געטאָן דעם טרײַבל,
אַרײַנגעשריִען:
– הערט אויף!
איך וואַרט ניט אויף אַ טעלעפֿאָן,
איך וואַרט ניט אויף אַ קלונג.
הערט אויף!

Simple *by Malke Heifetz-Tussman*

One need not search
for a fluttery, decorative word.
There's an old word,
old as the world is old,
young as the world is young:
'Love' is the word,
and one says it like this,
simply like this:
"I love you."

Is there anything
more trusting
than the old, simple
"I love you"?

Such an expression
need not be learned.
One takes it
from the raw earth,
from the sun,
from a stalk of wheat,
from a flower–
simply like this:
"I love you."

פשוט

מען דאַרף קיין פֿליטערדיק,
אויסגעפּוצט וואָרט
ניט זוכן.
פֿאַראַן אַ וואָרט אַן אַלטס —
אַלט
ווי די וועלט איז אַלט; יונג
ווי דאָס האַרץ איז יונג.
"ליב"
איז דאָס וואָרט,
און זאָגן
זאָגט מען דאָס אַזוי —
פֿון אייביק אָן מע זאָגט דאָס
פּשוט אָט אַזוי
"איך האָב דיך ליב".

איז פֿאַראַן נאָך עפּעס
מער באַגלייביק ווי
דאָס אַלטע פּשוטע "איך האָב דיך ליב"?

אַ שפּרוך אַזאַ
מע דאַרף ניט גיין זיך לערנען.
מע נעמט עס
פֿון דער רויער ערד,
פֿון דער זון,
פֿון אַ זאַנג און
פֿון אַ בלום.
פּשוט אָט אַזוי:
"איך האָב דיך ליב."

Your Lips *by Pessi Hirschfeld-Pomerantz*

Your lips are dry
like the leaves of autumn.
The hours of illness hover over your bed.
It's quiet in the room–
only your heavy breathing
and my prayers
can be heard.

You're dozing,
and it seems to me
that great, black wings
are hovering over you,
wrapping you in a black cloak.
My heart is grieving–
I bite my lips
and watch
your life melting away.

דײַנע ליפּן

א׳

דײַנע ליפּן זײַנען טרוקן
ווי אין האַרבסט די בלעטער.
קראַנקע שעהען הענגען איבער דײַן בעט.
שטיל אין צימער.
ס׳הערט זיך בלויז דײַן שווערער אָטעם
און מײַן געבעט...

ב׳

דרימלסט,
און מיר דוכט אַז גרויסע, שוואַרצע פֿליגלען
שוועבן איבער דיר,
און הילן דיך אײַן אין אַ שוואַרצער דעק.
קלעמט אַזוי מײַן האַרץ;
בײַס איך אײַן די ליפּן
און איך קוק
ווי דײַן לעבן גייט אַוועק...

And *by Berta Kling*

And–
It may happen
that you will come into my house
when I'm not there,
and my desire for you
will reach out to you
from every corner:
    "Sit and rest,"
    the chairs will ask you.
    And the table
    will wait like a servant:
    "Sit near me."

But afterwards,
when I come back,
my heart will weep for hours:
you were here
and I didn't see you.

And - -
it may happen
that you will come into my house
when I am there,
and you'll be met by a chill.
You'll walk around, lost,
trying to get out.
Each of us will see the other,
but we won't really notice.

And afterward
you won't be here any longer
and my heart will weep for hours:
you were here
and I didn't really notice you.

און...

עס קאָן זײַן:
איר זאָלט אין מײַן שטוב אַרײַן
ווען איך וועל ניט זײַן,
און מײַן גיריקייט נאָך אײַך
וועט פֿון אַ יעדן ווינקל
אײַך די האַנט דערלאַנגען.
– זיצט און רוט אײַך אָפּ,
וועלן אײַך די שטולן בעטן.
און דער טיש
וועט אונטערטעניק וואַרטן:
– זעצט זיך נעבן מיר.

נאָר דערנאָך,
אַז איך וועל קומען,
וועט שעהען לאַנג דאָס האַרץ מיר וויינען:
איר זײַט געווען
און איך האָב אײַך ניט געזען.

און –
עס קאָן זײַן:
איר זאָלט אין מײַן שטוב אַרײַן
ווען איך וועל זײַן,
און אַ קעלט וועט אײַך באַגעגענען,
און פֿאַרלוירן וועט איר אַרומגיין
זוכן ווי אַרויסצוגיין.
ביידע וועלן מיר זיך זען,
נאָר ניט דערזען.

און דערנאָך:
איר וועט שוין ניט זײַן,
וועט שעהען לאַנג דאָס האַרץ מיר וויינען:
איר זײַט געווען
און איך האָב אײַך ניט דערזען.

You *by Rokhl Korn*

I am saturated with you,
like earth after a spring rain,
and my brightest day hangs
on the pounding pulse of your first word,
like a bee on the blossoming branch of a linden tree.

And I am above you, like the promise of plenty
when the wheat and rye even out in the fields
and lie with the hope of greenness
on the swept floors of the granary.

And my fingertips drip faithfulness onto your weary head,
like golden yellow honey,
and my years,
the field your feet tread,
get fat and swollen
with pain, the pain of loving you,
my beloved husband.

דיר

כ'בין דורכגעווייקט מיט דיר, ווי ערד מיט פֿרילינגדיקן רעגן,
און ס'הענגט מײַן בלאָנדסטער טאָג
בײַם קלאַפּנדיקן דופּק פֿון דײַן ערשטן וואָרט,
ווי אַ בין בײַם בלי‏ִענדיקן צווײַג פֿון ליפּעס.

און כ'בין איבער דיר, ווי דער צוזאָג פֿון שפֿע אין דער צײַט
וועןאין פֿעלד גלײַכט זיך אויס דער ווייץ מיטן קאָרן
און לייגט זיך מיט דער האָפֿענונג פֿון גרינקייט
איבער די אויסגעקערטע פּאַדלאָגעס פֿון שפּײַכלערס.

פֿון מײַנע שפּיצן פֿינגער טריפֿט געטרײַשאַפֿט אויף דײַן מידן קאָפּ,
ווי גאָלד־געלער האָניק,
און מײַנע יאָרן,
פֿעלד אויף וועלכן ס'טרעטן דײַנע פֿיס,
ווערן פֿעט און אָנגעשוואָלן
פֿון ווייטיק — דיך צו ליבן,
געליבטער מאַן.

We Went Through Days *by Ana Margolin*

We went through days as through storm-shaken gardens.
We blossomed and were happy and played with life and death.
Clouds and insolence and dreams were in our words.
And amid stubborn trees and summer-rustling gardens
we grew into a single tree.

And evenings spread out with heavy, dark blueness,
with the painful desires of winds and falling stars,
with the wandering, fawning shine on twitching grass and leaves.
And we wove ourselves into the wind, permeated ourselves with blueness,
and were like happy animals and wise, playful gods.

Full Of Night And Weeping *by Ana Margolin*

A silence, sudden and deep,
between the two of us,
like a confused letter
announcing parting,
like a sinking ship–

a silence without a look, without a motion,
full of night and weeping
between the two of us,
as if we ourselves
were closing the door
to Paradise.

מיר זײַנען געגאַנגען דורך טעג...

מיר זײַנען געגאַנגען דורך טעג ווי דורך שטורעם־דורכציטערטע גערטנער.
געבליט און געדרײַפּט און געאיבט זיך אין שפּילן מיט לעבן און טויט.
כמאַרע און ברייטקייט און טרוים איז געווען אין אונדזערע ווערט־ער.
און צווישן פֿאַרעקשנטע ביימער אין זומערדיק־רוישנדע גערטנער
האָבן מיר זיך פֿאַרצווײַגט אין איין אײנציקן בוים.

און אָוונטן האָבן געשפּרייט זיך מיט שווערער פֿאַרטונקלטער בלויק־ייט,
מיטן שמערצלעכן גלוסטן פֿון ווינטן און פֿאַלנדע שטערן,
מיטן בלאָנדזשענדן לאַשטשענדן שײַן איבער צוקנדע גראָזן און בלעט־ער,
און מיר האָבן פֿאַרוועבט זיך אין ווינט, אײַנגעזאַפּט זיך אין בלויקייט,
און געווען ווי די גליקלעכע חיות און ווי קלוגע און שפּילנדע געטער.

פֿול מיט נאַכט און געוויין

אַ שווײַגן פּלוצעם און טיף
צווישן אונדזביידן,
ווי אַ צעטומלטער בריוו
מיטן אָנזאָג פֿון שיידן,
ווי אַ זינקענדע שיף.

אַ שווײַגן אָן אַ בליק, אָן אַ ריר,
פֿול מיט נאַכט און געוויין
צווישן אונדז ביידן,
ווי מיר וואָלטן אַליין
צו אַ גן־עדן
פֿאַשליסן די טיר.

I Want, O Angry And Gentle One *by Ana Margolin*

I want, O angry and gentle one,
to tell you how mine was,
always on tiptoe, a waiting game.
For love? Not for love, no–

just for a hint, a miracle, a voice,
near as a breath and yet distant as a star;
for that jubilant call
that can only be heard when one's eyes are closed.

I love the earth, after all, the streets,
the charm of simply being, dear sin, and harsh reality.
And yet, and yet–my whole life was
just listening, waiting on tiptoe.

איך וויל דיר, דעם בייזן און דעם צאַרטן

איך וויל דיר, דעם בייזן און דעם צאַרטן,
דערציילן, ווי מײַן איז געווען
פֿון שטענדיק אָן אויף שפּיץ פֿינגער אַ וואַרטן.
אויף ליבע? ניט אויף ליבע. ניין.

נאָר אויף אַ ווונק, אַ נס, אַ שטים,
ווי אָטעם נאָענט און דאָך ווײַט ווי אַ שטערן,
אויף יענעם יובֿלענדיקן רוף, וואָס אים
מיט צוגעמאַכטע אויגן קאָן מען בלויז דערהערן.

און האָב דאָך ליב די ערד, די רחבֿות און דעם חן
פֿון פּראָסטן זײַן, די ליבע זינד, די וואָר די האַרטע.
און דאָך, און דאָך – דאָס גאַנצע לעבן איז געווען
אַ האָרכן, אויף די שפּיץ פֿינגער אַ וואַרטן.

A Girl's Song *by Ana Margolin*

That hour, that excitement, I will always remember,
like a song without words, like a poem by Verlaine.
I'm so afraid I might stop yearning.
Where are you, then?

Like flowers in the wind our faces fluttered,
with twitching lips like red wounds.
And the fiddles, like dreaming poets,
sang of love and death.

And our shadows, in giant mirrors,
smiled back at us, stiff and prominent,
when around your feet
my silken train began to coil.

O handsome one, I want to give you so much now.
Love? Death? Do I know, then?
But yearning bows me down, rocks me like a storm.
Come and burn me up.

דאָס ליד פֿון אַ מיידל

יענע שעה, יענעם רייץ, וועל איך אייביק געדענקען,
ווי אָן ווערטער אַ ליד, ווי אַ ליד פֿון ווערלען.
איך האָב אַזוי מורא טאָמער הער איך אויף בענקען.
ווּ ביסטו דען?

ווי צוויט אינעם ווינט האָבן געפֿלאַטערט געזיכטער
מיט צוקנדע ליפּן, ווי ווּנדן רויט.
און ס'האָבן די פֿידלען, ווי טרוימענדע דיכטער,
געזונגען פֿון ליבע און טויט.

און אונדזערע שאָטנס אין ריזיקע שפּיגלען
האָבן אַנטקעגנגעשמייכלט שטײַף און פֿאָרנעם,
ווען אַרום דײַנע פֿיס האָט גענומען זיך וויקלען
מײַן זײַדענער טרען.

אָ, שיינער, איך וויל איצט אַזוי פֿיל דיר שענקען.
צי ליבע? צי טויט? ווייס איך עס דען?
נאָר עס בייגט מיך, עס וויגט מיך, ווי שטורעם, אַ בענקען.
קום און פֿאַרברען.

The Ballad of Marilyn

by Meyer Shtiker

1.

In a forest of flowers she came,
with silk and flesh,
a wreath of hearts with erotic rhythms.
diamond bones,
and ravished nights,
to the mountain of sunny days,
to the heaven of transparent eyes–
Marilyn,
Marilyn.

Rounded like a pomegranate
and tall as a stalk of grain,
dancing amid wreaths of millions of roses,
through high, open windows risen,
with Eve's tested, seductive laughter,
admired, besieged, and protected
from surrounding evil foxes,
on the road of sun and gold,
risen and flying with winged winds,
with golden wings in the golden sunlight,
with even more golden hair
and even more starry eyes.

2.

And the summer was spread out
childishly soft in her garden.
Her nights were wonders in naked mirrors.
Birds and stars, fiddles and wine–
the basin with golden fish in the garden;
the field, the orchard, the aroma of blossoms,
the sunny grapes on her lips, yearning to be picked.
Marilyn, Marilyn–
kinetically quick, exciting, and wild.

Who can measure the joy and sorrow
beneath your skin?
High is the mountain
and higher the unrest and yearning,
the voices and champagne in the night.

באַלאַדע וועגן מערעלין

1.
אין אַ וואַלד פֿון בלומען איז זי געקומען:
מיט זײַד און לײַב,
א קראַנץ פֿון הערצער מיט עראָטישע ריטמען,
מיט דימענטענע ביינער
און פֿאַרגוואַלדיקטע נעכט –
צום באַרג פֿון זוניקע טעג,
צום הימל פֿון אָפּטיש־גלעזערנע אויגן:
מערעלין,
מערעלין.

פֿול ווי אַ מילגרוים און הויך ווי אַ זאַנג,
אין טאַנצראַד פֿון געוועבן
מיט מיליאָנען רויזן,
דורך הויכע אָפֿענע פֿענצטער –
געשטיגן
מיט חוהס אויסגעפּרוּווטן געלעכטער
פֿאַרפֿירעריש,
באַוווּנדערט, באַלאַגערט און באַשיצט
פֿון אַרומגערינגלטע זשעדנע פֿוקסן,
אויפֿן וועג פֿון זון און גאָלד –
געשטיגן, געפֿלויגן
דורך באַפֿליגלטע ווינטן
מיט גאָלדענע פֿליגלען אין גאָלדענעם ברי –
מיט נאָך־מער־גאָלד פֿון צווישן אירע האָר,
און נאָך־מער־אויגן ווי שטערן.

2.
...און קינדיש־ווייך דעם זומער אויסגעשפּרייט
אין איר גאָרטן.
אירע נעכט –
וווּנדערס אין נאַקעטע שפּיגלען.

פֿייגל און שטערן. פֿידלען און ווײַן.

Your gentle body is stubborn,
a sweet drink that insists in leading you
ever higher, to an enveloping softness
behind the mountains
that spread fog
over your path
and golden shoes
in a forest of cloud-shaded flowers–
Marilyn,
Marilyn.

דער בעקן אין גאָרטן מיט גאָלדענע פֿיש.
דאָס פֿעלד, דער סאָד, דער ריח פֿון בליטן
מיט זוניקע טרויבן אויף אירע ליפּן,
מיט לעכצנדיקער גלוסט —
מע זאָל זיי קלײַבן...
מערעלין, מערעלין,
קינעטיש פֿלינק, רייצנדיק און ווילד.

ווער קען מעסטן די פֿרייד און טרויער
אונטער דײַן הויט?
הויך איז דער באַרג און העכער
די אומרו און בענקשאַפֿט,
די קולות און שאַמפּאַן אין דער נאַכט.
ווי אַן עקשן אין דײַן צאַרטן גוף —
זיסער געטראַנק
אײַנגעשפּאַרט צו פֿירן דיך
העכער, העכער,
צו אַ פֿאַרוויגלטער ווייכקייט
הינטערן באַרג
וואָס פֿאַרנעפּלט רוישיקן גאַנג
און גאָלדענע שיך
אין אַ וואַלד פֿון פֿאַרוואָלקנטע בלומען —
מערעלין,
מערעלין.

Serenade *by Fradl Shtok*

Please ope your eyes,
my dearest man,
and come with me away.
The silent night,
like silver-wine,
composes us a lay.

Don't rest your head
on dreamland's lap,
for my lap waits for you.
The night is blue,
come out with me,
and let us yearn, we two.

And if the night,
in its blue cloak,
from forest valley now depart,
and softly weep with tears of dew
from fragrant crystal heart,
then tear my heart
out of my breast
and wash it in the dew,
and with your lips
suck out of me
a quiet "oy" for you.

סערענאַדע

מאַך־אויף דײַן אויג,
דו ליבער מײַן,
קום ווײַט אַוועק מיט מיר;
די שטילע נאַכט
פֿון זילבערווײַן,
זי וועבט פֿאַר אונדז אַ שיר.

ניט וויג דײַן קאָפּ
אין חלומס שויס,
עס וואַרט מײַן שויס אויף דיר.
ס'איז בלוי די נאַכט,
קום, קום אַרויס
און בענק, און בענק מיט מיר.

און וועט די נאַכט
אין מאַנטל בלוי
פֿאַרלאָזן וואַלד און טאָל,
און וויינען שטיל
מיט טרערנטוי
פֿון דופֿטנדן קרישטאָל –

דאַן רײַס מײַן האַרץ
פֿון בוזעם אויס
און וואַש עס אין דעם טוי –
און מיט דײַן ליפּ
זויג מיר אַרויס
פֿון דאָרט דעם שטילן "אוי."

My Gardener *by Esther Siegel*

I have a little garden in front of my door.
I have no one to seed it for me
and no one comes to plow the ground.
Every evening I sit at my doorstep and look out
till Night sleepily drapes shadows on the ground.
I go to sleep in my soft, warm bed
and leave my garden near the door alone.

Where is my gardener? Where?
The sky is blue and bright—
on such fresh Spring days
my garden lies unplanted.
I have bread and wine in my house
and a soft, warm bed—
if someone comes to eat at my table
or to sleep just once in my bed,
he will indeed drink my wine
and also become my gardener.

מײַן גערטנער

איך האָב אַ קלײנעם גאָרטן פֿאַר מײַן טיר,
האָב איך קײנעם ניט, װער עס זאָל פֿאַרזײען אים פֿאַר מיר,
און עס קומט ניט קײנער צו אַקערן די ערד.
זיץ איך יעדן אָװנט אויף מײַן שװעל און קוק אַרויס,
ביז עס שאָטנט שלעפֿעריק אַראָפּ די נאַכט אויף דער ערד,
גײ איך שלאָפֿן אין מײַן װײך און װאַרעם בעט,
און לאָז אַלײן מײַן גאָרטן שטײן הינטער דער טיר...

װוּ איז מײַן גערטנער? װוּ? — — —
ס'איז בלוי און ליכטנדיק אַזוי דער הימל;
אין אַזעלכע פֿרישע פֿרילינג־טעג
שטײט מײַן גאָרטן ניט פֿאַרזײט...
ברויט און װײַן האָב איך אין שטוב בײַ מיר
און אַ װײך און װאַרעם בעט —
קומט װער עסן בײַ מײַן טיש,
שלאָפֿן אין מײַן בעט אײן מאָל נאָר,
װעט יענער טרינקען גאָר מײַן װײַן
און װעט מײַן גערטנער אויך זײַן...

Last Love *by Avrom Sutzkever*

Nurse, nurse - -
how can I thank you, nurse,
for twinkling charmingly for my friend
after his heart attack - -
for playing on the hairy keys of his cheek.
You didn't even know, my child-woman,
to whom you were giving,
out of the goodness of your heart;
a caress and a kind word.

And my friend,
with half a look, or maybe a quarter,
but with all the fraying strength of his dying,
with his last manly howl,
inflamed by your bitter-sweet pearls,
turned to you, child-woman and said:
"Last love of mine, last song,
I shall wait for your trembling hands
through all my death."

Epitaph *by Avrom Sutzkever*

Lily, Lily, last words...
don't wait for me in the real world - -
only in your dreams will your beloved
come to kiss your hair.

Through the fire of *Maidanek*,[14]
my grave rises into space.
I shall come to your veranda
like a soft breeze to a tree.

O glorious, silent dove - -
I neither tremble nor weep.
For me the name of Lily
is enough to make death seem sweet.

[14] A German concentration camp during the Holocaust

לעצטע ליבע

קראַנקן־שוועסטער, קראַנקן־שוועסטער,
ווי אַזוי דיר דאַנקען, שוועסטער,
פֿאַרן חן־פּינטעלע מײַן חבֿר נאָכן האַרצאַטאַק,
פֿאַרן שפּילן אויף די האָרקלאַווישן פֿון זײַן באַק?
האָסט דאָך ניט געוווּסט אַפֿילו, מיידלערישע פֿרוי,
ווען שענקסטו פֿון דײַן גנאָד אַ צערטל און אַ ווערטל.

און מײַן חבֿר, מיט אַ האַלבן בליק צי מיטן פֿערטל,
נאָר מיט גאַנצן רײַסנדיקן כּוח פֿון זײַן גסיסה,
מיטן לעצטן מענערישן געוווי'
דורכגעברענט פֿון דײַנע פּערל ביטערע צי זיסע,
האָט געצויגן זיך צו דיר־צו, מיידלערישע פֿרוי:
"לעצטע ליבע מײַנע, לעצט געזאַנג,
וואַרטן וועל איך אויף דײַן צאַפּל אַ ניט־לעבן לאַנג."

עפּיטאַף

לילי, לילי, לעצטע ווערטער...
ניט דערוואַרט מיך אויף דער וואָר.
בלויז אין טרוים וועט דײַן באַשערטער
קומען קושן דײַנע האָר.

דורכן פֿײַער פֿון מײַדאַנעק
שטײַגט מײַן קבֿר אינעם רוים.
איכ'ל קומען צו דײַן גאַניק
ווי אַ ווינטל צו אַ בוים.

טויב דו ליכטיקע, דו שטילע,
ניט איך ציטער, ניט איך וויין.
ס'איז געווען דער נאָמען לילי,
אַז דער טויט זאָל אויסזען שיין.

Songs to A Moonstruck Lady

by Avrom Sutzkever

I

'Tis long, O long, that I've known you–
since first you rose from out the sea.
I well recall when sin was new–
I still love you , do you love me?

We two made one, our love 'came known
beneath a gray and silv'ry heaven.
And thence our love has thrived and grown
as if 'twere puffed by bubbling leaven.

II

You sweep away with silv'ry broom
the dust-specks from my very dreams.
So bright and clear and clean my room,
and through the panes the lilac gleams.

You stretch your hand to soothe my brow
and smooth the wrinkles soft away.
Your pleated gown that hangs loose now
unfolds your breast to stars at play.

III

Just touched, the secret's left unmarred,
like storm-bent sail in ocean's din.
But to its heart the way is barred
by sealing-wax of love and sin.

For this I lust, to lift the veil
and see the 'scape that frights and calms.
Your secret, like the fiddle's wail,
my passion'd blood must pierce for balm.

לידער צו אַ לונאַטיקערין

א'

איך קען דיך פֿון לאַנג שוין, פֿון זינט
ביסט געווען אַן אַמפֿיביע.
געדענק נאָך די ערשטקייט פֿון זינד:
האָסט מיך ליב? — איך האָב ליב, יע.

מיר האָבן זיך ביידע געפּאָרט
אונטער זילבערנע שלאַקסן,
און אונדזער פֿאַרליבשאַפֿט איז דאָרט
ווי אויף הייוון געוואַקסן.

ב'

מיט אַ זילבערנעם בעזעם
קערסטו אויס פֿון מײַן חלום די שטויבן.
ווערט דאָס צימערל ריין. דורך די שויבן
גריסט אַ צווײַגעלע בעז אים.

און דײַן האַנט, וואָס דו שטרעקסט מיך צו זאַלבן,
פּרעס די קנייטשעלעך אויס אויף מײַן שטערן,
ווי דײַן נאַכטהעמד אין פֿאַלבן
וואָס פֿאַרקנעפּלט דײַן ברוסט אויף אַ שטערן.

ג'

איך וויל בלויז באַרירן דײַן סוד ווי אַ זעגל,
געבויגן פֿון שטורעם, באַרירט דאָס געאינד —
אַ סוד, וואָס צו אים איז פֿאַרזיגלט דאָס שטעגל
מיט טריוואַקס פֿון זינד.

אַהין איז מײַן גלוסט. איך מוז געבן אַן עפֿן
דערזען דעם פּייזאַזש וואָס דערשרעקט און באַרוט.
דײַן סוד, ווי דער טאָנגײַסט אין פֿידלשע עפֿן
מוז ווערן באַפּאַכט פֿון מײַן פֿליגלדיק בלוט.

IV

And who's the third man, now unseen,
who, when we fondle, makes a scene?
It's your beloved moon-man, high, alone,
ruling from his silver throne
on darkest twigs in forest green.

A threesome pair we cannot stay
when quicksilver chills our blood today.
Envy makes my hackles rise
when moon-man sucks your loving eyes
and strews pearl-kisses o'er your way.

So choose one - - let there be no strife.
Drive the other, luckless, from your life.
Or treat him like a worthless dog
and burn him in a silver log - -
thou bird, thou dream, thou wife.

ד׳

ווער איז ער, דער דריטער, וואָס באַלד
ווי כ׳צערטל דיך מאַכט ער אַ גוואַלד?
ס׳איז דאָך ער — דײַן געליבטער לעוואָניק,
וואָס רעגירט אויף אַ זילבערן טראָניק
אויף טונקלסטן צווײַגל פֿון וואַלד.

מיר קענען ניט זײַן זאַלבע דריט
ווען קוועקזילבער קילט דאָס געבליט.
ס׳גיט מײַן לײַב זיך פֿון קינאה אַ צאַפּל
ווען לעוואָניק זופּט אויס דײַן שוואַרצאַפּל
און באַקושט דיר מיט פּערל די טריט.

קלײַב איינעם פֿוןביידן אויס, קלײַב.
דעם צווייטן שלימזל פֿאַרטרײַב.
אָדער מאַך פֿון אַ מילב אים נאָך מילבער,
און פֿאַרברען אים אין שײַטער פֿון זילבער,
דו פֿויגל, דו חלום, דו ווײַב!

Of All Your Speech

by Dora Teitelboim

Of all your speech, my beloved,
I love your silence best.
In that silence
I hear your heart.
I swim across all borders
and become your shadow.
Your face is a blue wave
and your gaze enters me
as Spring enters a forest.

I Love

by Dora Teitelboim

I love the embers
of burned-out coals,
reddish-pink
and purplish-blue,
hidden in silvery slumber.
They no longer
emit sparks
and no longer seek
to engulf all the chips,
but silently,
humbly,
and wisely
carry fire
deep within them.
And it seems
as if they quiver,
flickering and cool,
like distant falling stars,
but just touching them
is enough to scald you.

פֿון אַלע רייד

פֿון אַלע רייד, מײַן ליבער,
דײַן שווײַגן איך באַגער.
אין דער שטיל, דאָס האַרץ
דײַנס הער איך.
אַלע גרענעצן איך שווים אַריבער
און דײַן שאָטן ווער איך.
אַ כוואַליע בלוי דײַן געשטאַלט
און ס'גייט דײַן בליק אין מיר אַרום
ווי דער פֿרילינג אין אַ וואַלד.

כ'האָב ליב

כ'האָב ליב דעם זשאַר
פֿון אויסגעברענטע קוילן,
דעם רויטלעך ראָז,
דעם פּורפּור בלוי,
אין שלומער, זילבערנעם
פֿאַרהוילן,
וואָס וואַרפֿט נישט מער
די פֿונקען סתּם אַזוי
און זוכט נישט
אַלע שפּענער אײַנצושלינגען,
נאָר שטיל,
עניוותדיק
און קלוג,
דעם פֿײַער טיף,
אין זיך ער טראָגט,
און ס'דאַכט זיך דיר,
ער ציטערט
צאַנקענדיק און קיל,
ווי פֿון ווײַט,
אַ פֿאַלנדיקער שטערן,
נאָר ס'איז גענוג
איין באַריר
אָפּגעבריט צו ווערן.

I Don't Know Why

by Rashel Veprinski

I don't know why
I'm walking so delicately today,
around and around,
almost on tiptoe.
I look in the mirror:
my hair draped with wisdom and affection
around my gentle, pale face.
Secrets dance darkly around my eyes,
and in the pupils I recognize - -
you.

Willy-Nilly

by Rashel Veprinski

Willy-nilly, deliberately or not,
you gaze at me playfully,
and my blood, bright as the moon,
sings back to you.
Stars, devoured, fade away - -
don't burn me accidentally
with your fingers.
Deliberately or not, I fall like a stalk of wheat
beneath the scythe of your lips.

איך ווייס ניט פֿאַר וואָס

איך ווייס ניט פֿאַר וואָס
גיי איך היינט מיט אַזוי פֿיל צערטלעכקייט
אַרום זיך אַרום –
כמעט אויף די שפּיצפֿינגער.
איך קוק אין שפּיגל:
מיינע האָר לייגן זיך מיט קלוגשאַפֿט און מיט ליבשאַפֿט,
דאָס פּנים אויסגעצערטלט בלייך...
אַרום די אויגן טונקלען זיך סודות –
און אין די שוואַרצאַפּלען דערקען איך:
דאָס ביסט דו...

גערן אומגערן

גערן אומגערן – אומגערן גערן
טוסט אַ שפּיל אויף מיר מיט דיינע אויגן,
טוט אַ זינג צו דיר מיין בלוט לבֿנהדיק העל.
שטערן חלשן פֿאַרצערט –
ברי ניט אומגערן מיט דיינע פֿינגער,
גערן, גערן, פֿאַל איך ווי אַ זאַנג
אונטער דער קאָסע פֿון דיין ליפּ.

Eyes *by Yehoyesh*

Jazz–
roses in her hair,
lipstick on her lips,
tulle around her waist,
silver buckles on her shoes–
jazz.

Come, you wild deer from the cabarets,
drink rainbows from your glass.
Laugh wantonly,
speak saucy words,
and I will read the magic spells–
in your eyes.

In distant, shadowed lands
rock great, mute birds
with broken wings
on branches way up high.
On nocturnal, quicksilver seas
the groups of shadows wander
and sigh unto the waves.
On desolate mountain peaks
whole armies kneel down
with inscrutable faces
and weep–
on your eyes.

Long, weary eyebrows
like fainting grasses in the sun–
what do I know,
what know you
of sorrow
that makes its nest
in your pupils.
A hundred generations
have sat on earth at night,
at small and flickering candles,
wailing about the absence of the Divine Spirit–
to beautify your eyes.

אויגן

דזשאַז...
רויזן אין די האָר,
פֿאַרבן אויף די ליפּן,
טיולן אַרום לײַב,
זילבער־שנאָלן אויף די שיך —
דזשאַז...
קום דו ווילדע הינדין פֿון די קאַבאַרעס,
טרינק קליינע רעגנבויגנס פֿון דײַן גלאָז,
און לאַך פֿאַרשײַט,
און רעד פֿאַרשײַטע ווערטער,
און איך וועל לייענען דעם שפּרוך
פֿון דײַנע אויגן...

אין ווײַסע טונק׳לע לענדער
וויגן זיך אויף הויכע צווײַגן
גרויסע שטומע פֿויגלען
מיט צעבראָכ׳נע פֿליגלען...
אויף נאַכטיקע קוועקזילבערדיקע ימען
וואַנדערן געזעמלען שאָטנס,
און זיפֿצן צו די אינדן...
אויף ווייסטע שפּיצן בערג
קניִען מחנות
מיט פֿאַרוויקלטע געזיכטער
און ווייִנען —
אין דײַנע אויגן...

לאַנגע מידע ברעמען,
ווי פֿאַרשמאַכטע גראָזן אין דער זון —
וואָס ווייס איך,
און וואָס ווייסט דו,
פֿון דעם צער וואָס מאַכט זײַן נעסט
אין דײַנע אַפּלען?
הונדערט דורות
זענען אויף דער ערד געזעסן אין די נעכט,
און פֿאַר קליינע צאַנקענדיקע ליכט
געיאָמערט אויף דעם גלות פֿון גאָטס שכינה,
צו מאַכן דײַנע אויגן שיין...

Marjorie *by Yehoyesh*

Back, throat, and arms
naked;
for modesty,
two shawls on her shoulders—
her maiden's bosom
half uncovered,
the lower half bursting out of its blue tulle wrap;
slender, jaunty hips
playing peek-a-boo
with loose, transparent folds;
black locks of hair
brushed back from her forehead;
a child's face,
and three-quarters of that face
consists of eyes,
big eyes,
that question, laugh, and joke,
and sing a potpourri
from prairie-lands and tall trees,
from a thousand miles of cornfields
and summer on the Mississippi
and stags in the mountains
and the like,
from skyscrapers
and limousines
and white nights on Herald Square.

All together,
a warm
and trembling
nimble knot of snakes—
a tall
and white
and shimmering bird—
a foaming,
laughing,
bright Niagara.

מאַרדזשערי

רוקן, האַלדז און אָרעמס
נאַקעט...
פּאַר צניעות —
צוויי הענגערס אויף די אַקסל...
דער מיידל־בוזעם
אָפּגעדעקט ביז העלפּט...
די אונטערהעלפּט,
זיך רײַסנדיק פֿון בלאָע טיולן...
שלאַנקע, גרינגע לענדן,
שפּילנדיק אין בלינדע־קו
מיט לויזע דורכזיכטיקע פֿאַלדן...
שוואַרצע בייטן האָר
פֿון שטערן אויפֿגעשויבערט...
אַ קינדער־פּנים,
און פֿונעם קינדער־פּנים,
דרײַ פֿערטל — אויגן...
גרויסע אויגן,
וואָס פֿרעגן, לאַכן, שפּאָטן,
און זינגען אַ פּאָפּורי,
פֿון פּרעירי־לאַנד און הויכע ביימער,
פֿון טויזנט מײַלן קאָרנפֿעלדער,
און זומער אויפֿן מיסיסיפּי,
און הירשן אין די בערג...
און צוגלײַך —
פֿון הימלקראַצערס,
און לימוזינס,
און ווײַסע נעכט אויף "העראָלד־סקווער"...

אין גאַנצן —
אַ וואַרעמער,
אַ צאַפּלדיקער,
אַ פֿלינקער פֿלעכט פֿון שלאַנגען...
אַ הויכער,
אַ ווײַסער,
אַ שימעריקער פֿויגל...
אַ שוימיקער,
אַ לאַכיקער,
אַ ליכטיקער ניאַגראַ...

On the Sleigh *by Yehoyesh*

The sky full of stars, the fields full of snow,
the two of us lost in space endless, it seems.
The bells gaily tinkle, the sleigh runs apace,
we're riding along to the land of our dreams.

Cover up now, my dear, for the horses run fast—
we've not very far yet to go.
Soon, 'fore our eyes, with its seventy towers,
the palace of magic will show.

Look at those tall men who stand by the road,
all shielded with silvery gleams,
with crystalline helmets on top of their heads - -
the guards of the palace of dreams.

They guard there all day and they guard there all night,
and let no one close to the place.
If anyone wishes to go there at all,
a sign to the guards will grant him the grace.

Now give me your hands and swear this to me:
you'll follow my spells and say naught.
A wizard once taught me his magical ways,
and you will now also be taught:

A kiss on the lips and a kiss on the throat,
and then on the eyes yet one more;
the sign now, my dearest, is properly made - -
the sleigh will soon stop at the door.

The palace will sparkle with thousands of lights
and echo with dancing and song.
The grizzled old king will come out to the door
and say to us both: "Come along!"

He'll ask us to come in the castle to eat,
where water nymphs see to our every need.
From sparkling white dishes we'll eat all we want - -
we'll have all we dream of, beyond any greed.

אויפֿן שליטן

דער הימל פֿול שטערן, די פֿעלדער פֿול שניי,
מיר בײדע אין ענדלאָזע רוימען;
די גלעקעלעך קלינגען, דאָס שליטעלע לויפֿט –
מיר פֿאָרן אין לאַנד פֿון די טרוימען...

דריק־צו זיך, מײַן זיסע, די פֿערד יאָגן גיך,
מיר האָבן ניט לאַנג מער צו רײַזן –
באַלד וועט זיך מיט זיבעציק טורעמס פֿאַר אונדז,
דער פּאַלאַץ פֿון צויבער באַווײַזן...

אַט זעסט, יענע הויכע, וואָס שטייען בײַם וועג,
באַפּאַנצערט מיט זילבערנע פֿליטערס,
די קעפּ מיט קרישטאָלענע קיווערס באַדעקט?
דאָס זײַנען פֿון פּאַלאַץ די היטערס...

זיי וואַכן בײַ טאָג און זיי וואַכן בײַ נאַכט,
און לאָזן צום שלאָס ניט דערגרייכן,
און ווער עס וויל קומען צו פֿאָרן אַהין,
מוז געבן די שומרים אַ צייכן...

איצט גיב מיר די הענטעלעך און שווער מיר, אַז דו
וועסט נאָכטאָן מײַן צויבער און שווײַגן!
מיר האָט אַ מכשף דעם צייכן געצײַגט,
און איך וועל עס דיר איצטער צײַגן:

אַ קוש אויף די ליפּן, אַ קוש אויפֿן האַלדז,
און דאַן אויף די אויגן אַ דריטן...
דער צייכן, מײַן זיסע, איז ריכטיק געמאַכט,
באַלד אָפּשטעלן וועט זיך דער שליטן...

דער פּאַלאַץ וועט פֿינקלען מיט טויזנטער ליכט,
און הילכן פֿון טענץ און געזאַנגען,
דער גרײַזגרויער קעניג אַליין וועט אַרויס
און אונדז מיט אַ שמייכל עמפּפֿאַנגען...

And when we have eaten whatever we will,
each food and each drink that we see,
the wizardly king will then give us to keep
two diamond mementos, for you and for me.

The sky full of stars, the fields full of snow,
the two of us lost in space endless, it seems.
The bells gaily tinkle, my heart fairly sings - -
we're riding along to the land of our dreams.

ער וועט אונדז פֿאַרבעטן אַרײַנגיין אין שלאָס,
און פֿעעס אונדז וועלן באַדינען.
אויף פֿינקלענדע טעלערס, דאָרט וועלן מיר אַלץ,
וואָס אונדז וועט געלוסטן, געפֿינען...

און ווען אונדזער מאָלצײַט געענדיקט וועט זײַן,
פֿאַרזוכט אַלע שפּײַז און געטראַנקען.
צום אָנדענק וועט געבן דער צויבערפֿירשט אונדז
צוויי טײַערע דימענט־געשאַנקען...

***

דער הימל פֿול שטערן, די פֿעלדער פֿול שניי,
מיר ביידע אין ענדלאָזע רוימען –
דאָס שליטעלע קלינגט און דאָס האַרץ אין מיר זינגט:
– מיר פֿאָרן אין לאַנד פֿון די טרוימען...

WOMEN'S INNER EMOTIONS

I Am A Circus-Lady *by Tsilye Dropkin*

I am a circus-lady,
and I dance between the knives
standing in the ring, as on parade,
with their points up, straight and tall.
My light and agile body
avoids a lethal fall,
just barely touching each sharp blade.

With bated breath they watch my dance,
and for God's mercy they appeal.
Before my very eyes they shine,
the points that make a fiery wheel.

And no one knows
how much I want to fall.
I'm tired of dancing between you,
you cold steel knives, tired of it all;
I want my blood to heat you up.
Onto your bare blades I want to fall,
but I haven't got the nerve.

איך בין אַ צירקוס־דאַמע

איך בין אַ צירקוס־דאַמע
און טאַנץ צווישן קינזשאַלן,
וואָס זײַנען אויפֿגעשטעלט אויף דער אַרענע
מיט די שפּיצן אַרויף.
מײַן בויגזאַם לײַכטער גוף
מײַדט אויס דעם טויט פֿון פֿאַלן,
באַרירנדיק קוים־קוים דעם שאַרף פֿון די קינזשאַלן.

מיט אַ פֿאַרכאַפּטן אָטעם קוקט מען אויף מײַן טאַנצן
און עמעץ בעט דאָרט פֿאַר מיר גאָט.
פֿאַר מײַנע אויגן גלאַנצן
די שפּיצן אין אַ פֿײַערדיקן ראָד,
און קיינער ווייסט ניט
ווי מיר ווילט זיך פֿאַלן...

מיד בין איך פֿון טאַנצן צווישן אײַך,
קאַלטע שטאָלענע קינזשאַלן.
איך וויל מײַן בלוט זאָל אײַך דערהיצן.
אויף אײַערע אַנטבלויזטע שפּיצן
וויל איך פֿאַלן –
נאָר איך האָב קיין מוט.

Grasp The Jolly Jug

by Rokhl Fishman

Grasp the jolly jug
of sunny, youthful hours;
stretch your neck
upwards and back;
place your lips boldly
against the cool clay
and pour - -
and pour into yourself
full days
and long minutes
to the fullest measure.

כאַפּ אָן דעם לאַכעדיקן קרוג!

כאַפּ־אָן דעם לאַכעדיקן קרוג
פֿון שעהען זוניק יונגע –
סטרונע־אויס דײַן האַלדז
אַרויף, צוריק –
לייגט דרייסט די ליפּן
צו דעם קילן חומר צו,
און גיס –
און גיס אין זיך אַרײַן
פֿולע טעג,
לאַנגע מינוטן
עד בלי די.

An Old Woman

by Aaron Glants-Leyeles

The old woman looked long
at her full lips,
her sparkling eyes,
and her luxurious hair–
the whole of her feminine beauty.
It was so familiar
as it looked back at her.
The old woman
neither laughed nor cried–
her wrinkled but imperious face
was a silent mask.

In her hand she held, a while,
the portrait of her youth,
her long-ago youth,
then rang
and said to her grizzled, fearful servant:

"As long as I live, Charles,
let there be no mirrors in this house,
not in any room
nor anywhere I might go!"

"And what about the pond
in the middle of the garden, madam?
On clear, quiet days
the reflections there are like those
from glass or polished metal."

"Put a fence around it, Charles!
Don't take it down
till they carry me out of here!"

"But madam–
human eyes can't be
locked up in a sealed room
or fenced off."

The old woman thought a while,
then said:

אַן אַלטע פֿרוי

די אַלטע פֿרוי האָט לאַנג באַטראַכט די פֿולע ליפּן,
די פֿינקלדיקע אויגן,
די לוקסוריעזע האָר,
די גאַנצע ווײַבלעכע פּראַכט,
וואָס האָט אַזוי נאָענט באַקאַנט צוריקגעקוקט אויף איר.
די אַלטע פֿרוי האָט נישט געוויינט, נישט געלאַכט.
איר צערונצלט אָבער נאָך געביטעריש פּנים
איז געווען אַ מאַסקע פֿון שווײַגן.
זי האָט אַ ווײַל געהאַלטן אין דער האַנט
דעם פּאָרטרעט פֿון איר אַמאָליקייט,
פֿון איר אויסגערונענער יוגנט,
דאַן אַ קלוג געטאָן
און געזאָגט צום גרײַז־גרויען, ערפּאָרכטיקן דינער:

— ווי לאַנג כ'וועל לעבן, טשאַרלז,
זאָל קיין שפּיגל נישט געפֿינען זיך אין דעם הויז.
נישט אין קיין צימער, נישט וווּ מײַן פֿוס וועט מיך פֿירן.

— און וואָס וועגן דעם באַד אין מיטן גאָרטן, מאַדאַם?
אין לויטערע שטילע טעג
איז די אָפּשפּיגלונג דאָרט עלעהיי פֿון גלאָז און פּאָלירטן מעטאַל.

— אַרומצוימען, טשאַרלז!
דעם צוים נישט אראָפּנעמען, ביז מען וועט מיך פֿון דאַנען
אַרויסטראָגן.

— אָבער, מאַדאַם, די מענטשלעכע אויגן —
זיי קאָן מען נישט אַוועקשטעלן אין אַ פֿאַרהאַקטער קאַמער,
און נישט אַרומצוימען.

די אַלטע פֿרוי האָט געטראַכט אַ ווײַל.
דערנאָך:

“Charles, I’m a foolish, whiny old woman.
Pay no attention to my ridiculous orders.
And this portrait—
make copies of it
and let’s look at them.
Let me remember:
human foolishness
resides not only in every leaf
of every golden tree of youth,
but also in every hair
of an old, gray head.
The golden delusions of youth
are forgivable;
the grumbling ash of age
is like the anger of a child
who’s broken his own toy.”

The gray-haired butler bowed,
kissed the old woman’s hand,
and good-naturedly wiped away a tear
from the corner of an aged eye.

– טשאַרלז, איך בין אַ נאַרישע, וואָרטשענדיקע זקנה.
מאַך זיך נישט וויסן פֿון מײַנע קאָמישע באַפֿעלן.
און אָט דעם פּאָרטרעט –
מאַך קאָפּיעס פֿון אים
לאָמיר קוקן און לאָמיך געדענקען:
דאָס מענטשלעכע שטות הענגט נישט בלויז אויף יעדן בלאַט,
אויף יעדן גאָלדענעם בוים
פֿון דער יונגט,
נאָר אויך אויף יעדער האָר פֿון אַ גרויען קאָפּ.

דאָס גאָלדענע אײַנריידעניש פֿון יוגנט איז פֿאַרגעבלעך.
דאָס וואָרטשענדיקע אַש פֿון זיקנה איז געגליכן
צום ברוגז פֿון אַ קינד, וואָס האָט אַליין צעבראָכן זײַן צאַצקע.
דער גרײַז־גרויער קאַמערדינער האָט זיך פֿאַרנייגט,
אַ קוש געטאָן דער זקנה אין האַנט,
איז גוטמוטיק אַרויס און אָפּגעווישט אַ טרער
אין ווינקל פֿון אַלטן אויג.

My Blood *by Shifra Kholodenko*

My blood, my warm blood!
Today I wept, today I laughed,
but still I waited - -
for what? for when?
And didn't know whence came
such joy to my heart,
until a drop of blood
revealed the secret
in the depth of the night.

מײַן בלוט

מײַן בלוט, מײַן וואַרעם בלוט!
כ'האָב הײַנט געוויינט, כ'האָב הײַנט געלאַכט,
און אַלץ געוואַרט —
אויף וואָס? אויף ווען?
און נישט געוווּסט פֿון וואַנען קומט
אַזאַ מין פֿרייד צו מיר אין האַרץ,
ביז וואַנען ס'האָט אַ טראָפּן בלוט
דערציילט דעם סוד
אין טיפֿער נאַכט.

Sister Of Mine

by Berta Kling

I don't know, sister of mine,
whether it has to be
that you do know the way
for my unsteady steps
and I don't–
not the way for you
and not the way for me.
I only know
that when I have no bread in the house
and your belly is full,
you lie in bed late at night
and cannot fall asleep
because you grieve for my pain.

If Life

by Berta Kling

If life
separates the two of us,
divides us into two lives,
I'm doomed in any case.
On the good days
and on the bad days
I'll wonder
three times every day:
did you get your meal on time?
And in the wee hours of my every night
I'll wonder:
is your bed soft?

שוועסטער מײַנע

איך ווייס נישט, שוועסטער מײַנע,
צי דאַרף אַזוי זײַן, צי ניט,
וואָס דו ווייסט יאָ דעם וועג
פֿאַר מײַנע וואַקלענדיקע טריט
און איך ווייס ניט —
נישט דעם וועג פֿאַר דיר,
נישט דעם וועג פֿאַר מיר.
איך ווייס נאָר,
אַז ווען עס פֿעלט מיר ברויט אין שטוב
און דו ביסט זאַט,
ליגסטו שפּעט בײַ נאַכט אין בעט
און שלאָפֿסט פֿאַר צער נישט אײַן
צוליב מײַן פּײַן.

טאָמער וועט דאָס לעבן

טאָמער וועט דאָס לעבן
אונדז אויף צווייען איבעררײַסן,
אויף לעבנס צוויי צעטיילן —
גוטע אָדער שלעכטע,
סײַ ווי איז פֿאַרפֿאַלן.
וועל איך אין די גוטע,
אין די שווערע טעג
איבערטראַכטן,
דרײַ מאָל יעדן טאָג:
צי דײַן מאָלצײַט איז אין צײַט?
און אין די שפּעטע שעהען
פֿון מײַן יעדער נאַכט,
וועל איך איבערטראַכטן:
צי איז דײַן געלעגער ווייך?

Women's Songs
(fragment)

by Kadia Molodowsky

A

The women of our family
will come to me at night, in my dreams, and say:
"With virtuous modesty, we have transmitted a pure blood
for generations,
brought it to you like a wine
guarded in the kosher cellars of our hearts."
And one will say:
"I have remained an *agunah*[15]
since my cheeks were like two red apples still on the tree,
and I've gnashed my white teeth, waiting,
through many a lonely night."
And I will give the grandmothers the following answer:
"Your sighs, which sounded like whistling whips,
have driven my young life out of the house,
fleeing from your wholesome pleading.
But you followed me wherever streets are dark,
wherever shadows fall,
and your quiet, choked weeping chases me
like the autumn winds,
and your words are silken threads that bind my brain.
My life is like a page plucked from a book,
with the first line torn off. "

B

I'll come to the man
who brought me my first womanly joy, and say:
"Man - -I entrusted my silent looks to another
and laid my head next to his one night.
Now my sorrow is like the stinging of bees
around my heart,
and I have no honey to salve the wounds."
And the man will grab my braid
and I'll drop to my knees,
remaining at the doorstep,
like the women turned to stone in Sodom.
I'll raise my hands to my head,
as my mother used to do when blessing the candles,
but my fingers will stick out
like ten enumerated sins.

פֿרויען־לידער
(פֿראַגמענט)

א׳

עס וועלן די פֿרויען פֿון אונדזער משפּחה
בײַ נאַכט אין חלומות מיר קומען און זאָגן:
מיר האָבן אין צניעות אַ לויטערע בלוט איבער דורות געטראָגן,
צו דיר עס געבראַכט ווי אַ ווײַן אַ געהיטן
אין כּשרע קעלערס פֿון אונדזערע הערצער.
און איינע וועט זאָגן:
איך בין אַן עגונה געבליבן, ווען ס׳זײַנען די באַקן — צוויי רויטלעכע עפּל —
אויף בוים נאָך געשטאַנען,
און כ׳האָב מײַנע ציינער די ווײַסע צעקריצט אין די איינזאַמע נעכט פֿון
דערוואַרטונג.
און איך וועל די באָבעס אַנטקעגן גיין זאָגן:
אײַערע זיפֿצן האָבן ווי פֿאַכיקע בײַטשן געאָטעמט
און האָבן מײַן לעבן מײַן יונגן געטריבן פֿון שטוב צום אַרויסגאַנג,
פֿון אײַערע כּשרע בעטן אַנטלויפֿן.
נאָר איך גייט מיר נאָך, ווו די גאַס איז נאָר טונקל,
ווו ס׳פֿאַלט נאָר אַ שאָטן.
און אײַערע שטילע פֿאַרשטיקטע געוויינען יאָגן נאָך מיר זיך ווי האַרבסטיקע ווינטן,
און אײַערע רייד זײַנען זײַדענע פֿעדים אויף מײַן מוח פֿאַרבונדן.
איז מײַן לעבן אַן אויסגעפּליקט בלאַט פֿון אַ ספֿר
און די שורה די ערשטע פֿאַרריסן.

ב׳

צו דעם וועל איך קומען,
ווער ס׳האָט דער ערשטער מיר מײַן פֿרויען־פֿרייד געבראַכט, און זאָגן:
מאַן,
כ׳האָב נאָך איינעם מײַן שטילן בליק פֿאַרטרויט
און אין אַ נאַכט לעבן אים מײַן קאָפּ געלייגט.
איצט האָב איך מײַן צער ווי בינען אָנגעשטאָכענע
אַרום מײַן האַרץ געבראַכט,
און האָב קיין האָניק ניט אויף לינדערן די ווונד.
און ס׳וועט דער מאַן מיך אָננעמען בײַם צאָפּ,
וועל איך אַנידערברעכן זיך אויף ביידע פֿיס,
און בלײַבן אויף דער שוועל, ווי די פֿאַרשטיינערונג פֿון סדום.
איך וועל די הענט אַרויפֿהייבן צום קאָפּ,
ווי ס׳פֿלעגט מײַן טאַטע טאָן בײַם בענטשן ליכט,
נאָר ס׳וועלן מײַנע פֿינגער שטיין
ווי צען געציילטע זינד.

ג׳

אַמאָל איז אַ שטיינערנער טרעפּ
אַזוי זיס ווי אַ קישן,
אַז כ׳לייג זיך אַנידער לאַנג־אויס אויף זײַן קאַלטקייט,
ווען כ׳קאָן ניט דערטראָגן צום שטאָק צו דעם דריטן
מײַן קאָפּ מיט די דינע פֿאַרטריקנטע ליפּן.

C

Sometimes a stone step
is as sweet as a pillow
when I stretch out on its coldness,
when I can't drag my head,
with its dried-out lips,
to the third story.
Then I am a silent, exhausted girl
scraping the ground with frozen limbs,
and I remain lying somewhere
alone in the night on the stone steps.

D

For poor brides who were servant girls,
Mother Sarah draws sparkling wine
from dark barrels and casks.
To those who are fated to have a full pitcher,
Mother Sarah carries it with both hands,
and for those who are fated to have but a glassful,
she drops a tear into the wine.
And to streetwalkers
who are dreaming of white bridal slippers,
Mother Sarah brings pure honey
on small plates
to their tired mouths.

For poor brides from aristocratic families
who are ashamed to show their patched underwear
to their mothers-in-law,
Mother Rebecca brings camels
loaded with white linen.
And when the darkness spreads out before their feet
and all the camels kneel to the ground to rest,
Mother Rebecca measures out ell after ell of linen,
from the fingers of their hands
to their golden arm-bands.

כ'בין דעמאָלט אַ שטילע פֿאַרחלשטע מיידל,
וואָס שאַרט זיך אָן דר'ערד מיט פֿאַרגליווערטע גלידער
און בלײַבט ערגעץ ליגן
אַליין בײַ דער נאַכט אויף די שטיינערנע שטיגן.

ד'
פֿאַר כּלות אָרעמע, וואָס זײַנען דינסטמיידלעך געווען,
צאַפּט די מוטער שׂרה פֿון פֿעסער טונקעלע
און קרוגן פֿינקלדיקן ווײַן.
ווען ס'איז אַ פֿולער קרוג באַשערט,
טראָגט די מוטער שׂרה אים מיטביידע הענט;
און וועמען ס'איז באַשערט אַ בעכערל אַ קליינס,
פֿאַלט דער מוטער שׂרהס טרער אין אים אַרײַן.
און פֿאַר גאַסנמיידלעך,
ווען ווײַסע חופּה־שיכלעך חלומען זיך זיי,
טראָגט די מוטער שׂרה האָניק לויטערן
אויף קליינע טעצלעך
צו זייער מידן מויל.

פֿאַר כּלות אָרעמע, פֿון אַ מיוחסדיקן שטאַם,
וואָס שעמען זיך דאָס אויסגעלאַטעטע וועש
ברענגען צו דער שוויגער פֿאַרן אויג,
פֿירט די מוטער רבֿקה קעמלען אָנגעלאָדענע
מיט ווײַסן לײַוונט־לײַן.

און ווען די פֿינצטערניש שפּרייט אויס זיך פֿאַר די פֿיס,
און ס'קניִען אַלע קעמלען צו דער ערד צו רו,
מעסט די מוטער רבֿקה לײַוונט אייל נאָך אייל
פֿון די פֿינגערלעך פֿון האַנט
ביזן גאָלדענעם בראַסלעט.

פֿאַר די, וואָס האָבן מידע אויגן
פֿון נאָכקוקן נאָך יעדן שכנותדיקן קינד,
און דאַרע הענט פֿון גאַרן
נאָך אַ קליינעם קערפּערל אַ ווייכס
און נאָך אַ וויגן פֿון אַ וויג,
ברענגט די מוטער רחל היילונג־בלעטער,
אויסגעפֿונענע אויף ווײַסע בערג,
און טרייסט זיי מיט אַ שטילן וואָרט:
ס'קאָן יעדע שעה גאָט עפֿענען דאָס צוגעמאַכטע טראַכט.

צו די, וואָס וויינען אין די נעכט אויף איינזאַמע געלעגערס,
און האָבן ניט פֿאַר וועמען ברענגען זייער צער,
רעדן זיי מיט אויסגעברענטע ליפּן צו זיך אַליין,
צו זיי קומט שטיל די מוטער לאה,
האַלט ביידע אויגן מיט די בלייכע הענט פֿאַרשטעלט.

ה'
ס'איז נעכט אַזוינע פֿרילינגדיקע דאָ,

For those whose eyes are tired
from looking at every neighbor child
and yearning for tiny hands
and a small, soft body
and a cradle to rock,
Mother Rachel brings healing leaves
found on distant mountains,
and comforts them with quiet words:
"God may open your closed womb at any moment."

To those who weep at night on their lonely beds
and have no one to tell their sorrow to,
so they talk to themselves with parched lips,
to them Mother Leah comes quietly
and covers both eyes with her pale hands.

[15] An Orthodox-Jewish woman whose husband has left her, but hasn't divorced her – she cannot remarry, and is therefore a "chained woman."

װען ס'װאַקסט אונטער אַ שטײן אַ גראָז פֿון דר'ערד אַרױס
און ס'בעט דער פֿרישער מאָך אַ גרינע קישן אױס
אונטער אַ שאַרבן פֿון אַ טױטן פֿערד.
און אַלע גלידער פֿון אַ פֿרױ בעטן זיך צו װײטיק פֿון געבורט.
און ס'קומען פֿרױען און לײגן זיך װי קראַנקע שאָף
בײַ קרעניצעס — אױף הײלן זײער לײַב.
און האָבן שװאַרצע פֿנימער פֿון לאַנגיעריקן דאַרשט
צום קינדס געשרײ.

ס'איז נעכט אַזױנע פֿרילינגדיקע דאָ,
װען בליצן שנײַדן אױף מיט זילבערנע חלפֿים
די שװאַרצע ערד.
און פֿרױען שװאַנגערע — צו װײַסע טישן פֿון שפּיטאָל
קומען צו מיט שטילע טריט
און שמײכלען צום נאָך נישט־געבױרענעם קינד
און אפֿשר נאָך צום טױט.

ס'איז נעכט אַזױנע פֿרילינגדיקע דאָ,
װען ס'װאַקסט אונטער אַ שטײן אַ גראָז פֿון דר'ערד אַרױס.

ו'

אין נעכט, װען איך בין װאָך,
און ס'קומען צו מיר טעג מײַנע פֿאַרגאַנגענע
זיך פֿאַר די אױגן שטעלן,
קומט פֿאַר מיר מײַן מאַמעס לעבן.
און אירע אױסגעדסאַרטע הענט
אין צניעותדיקע אַרבל פֿון נאַכטהעמד אײַנגעהילט,
װי אַ גאָטספֿאַרכטיקע שריפֿט אין װײַסע גװילים,
און ס'בײזערן זיך װערטער פֿון "המפּיל",
װי פֿײַערדיקע קױלן געלאָשן פֿון איר שטיל געבעט,
און אױסגעטריקנט איר דאָס מױל,
װי אַ פֿאַרדאַרטע פֿלױם.
און ס'קומען אירע טרערן, װי אַ קאַרגער אײנציקטראָפּנדיקער רעגן.

און ערשט,
אַז כ'בין אַלײן אַ פֿרױ,
און גײ אין ברױנעם זײַד געקלײדט,
מיט בלױזן קאָפּ
און נאַקעטן האַלדז,
און ס'האָט דער אומגליק פֿון מײַן אײגן לעבן מיך דעריאָגט,
און װי אַ קראָ
אױף אַ קלײן הינדעלע אַרױפֿגעפֿאַלן,
איז אָפּט באַלױכטן העל מײַן צימער אין די נעכט,
און כ'האַלט די הענט איבער מײַן קאָפּ פֿאַרװאָרפֿן,
און ס'זאָגן מײַנע ליפּן אַ שטילן אײנפֿאַכן
געבעטן צו גאָט,
און ס'קומען טרערן,
װי אַ קאַרגער אײנציקטראָפּנדיקער רעגן.

I Get Up *by Dora Teitelboim*

I get up
after every night
as after a battle.
Beneath me
a valley of bones,
a mountain of heads
covered with green hair.
I drag the wounded
on my back
to the gates of Dawn
as to the threshold of a hospital.
I get up
after every night
and attack the day,
and the day hangs the sun on my breast
like a golden medal.

כ׳שטיי אויף

כ׳שטיי אויף
נאָך יעדער נאַכט
ווי נאָך אַ שלאַכט.
אונטער מיר
אַ ביינער־טאָל,
אַ באַרג מיט קעפּ
באַוואַקסענע מיט גרינע האָר.
אויף די פּלייצעס
צום טויער פֿון קאַיאָר,
די פֿאַרוווּנדעטע איך שלעפּ,
ווי צום שוועל פֿון אַ שפּיטאָל.
כ׳שטיי אויף
נאָך יעדער נאַכט
ווי נאָך אַ שלאַכט,
און דעם טאָג
איך באַפֿאַל,
און ער
הענגט די זון מיר אויפֿן ברוסט
ווי אַ גאָלדענעם מעדאַל.

I'll Hug My Shoulders *by Rashel Veprinski*

I'll hug my shoulders
with my soft hands
and close my eyes—
and all my unrest and fear,
like birds let free,
will fly away from me.
On a golden thread,
I'll lower myself deeper and deeper
into the depths of my sleep.
Flexible as a stalk of wheat
or naked like the little girl in the moon,
or even like an imaginary girl in silver sandals,
I'll wander around
looking for a white road
in the deep, bluish-red caverns
of my sleep.

איך וועל אַרומנעמען מײַנע אַקסל

איך וועל אַרומנעמען מײַנע אַקסל
מיט מײַנע ווייכע הענט,
צומאַכן די אויגן,
וועלן אַלע מײַנע אומרוען און אַנגסטן,
ווי פֿייגל פֿרײַגעלאָזענע,
זיך אַוועקטראָגן פֿון מיר.
איך וועל אויף אַ גאָלדענער שטריק
זיך אַראָפּלאָזן טיפֿער, טיפֿער,
אין די טיפֿענישן פֿון מײַן שלאָף.
בויגזאַם, ווי אַ זאַנג,
אָדער אין מײַן נאַקעטקייט, ווי דאָס מיידל פֿון דער לבֿנה,
אָדער גאָר ווי אַן אויסגעטראַכטע אין זילבערנע סאַנדאַלן,
וועל איך אומוואַנדלען
זוכן אַ ווײַסן וועג
אין די טיפֿע, בלוי־רויטע היילן
פֿון מײַן שלאָף.

My Story is Your Story *by Rajzel Zychlinsky*

My story is your story,
neighbor across from me in the subway.
What you are thinking about
I have long since forgotten.
What will happen to you
happened to me long ago.
What you hope for
I smile about
with closed lips.
My fate is shown
in the blue veins on your hand - -
yours you can read
in the deep wrinkles on my face.

מײַן געשיכטע איז דײַן געשיכטע

מײַן געשיכטע איז דײַן געשיכטע,
שכן קעגן איבער מיר אין סאָבוויי.
פֿון וואָס דו טראַכסט
האָב איך לאַנג שוין פֿאַרגעסן,
וואָס דיך וועט טרעפֿן
האָט שוין לאַנג מיט מיר געטראָפֿן,
אויף וואָס דו האָפֿסט,
פֿון דעם שמייכל איך
מיט צוגעמאַכטע ליפֿן.
מײַן גורל צייכענען
די בלויע אָדערן פֿון דײַנע הענט –
דײַנעם קענסטו לעזן
אין די טיפֿע קנייטשן פֿון מײַן פּנים.

YIDDISH

Scorched Bees *by Rivka Basman Ben-Haim*

You don't even know
how well off we are,
we Jewish orphans,
who lay out our pain
in Yiddish,
like bricks added to a doomed building,
a building
where angels sing near the walls
and the song reaches
the heavens.

You have no idea
how sweet it is
to sing with an angel.
Melodies circle round
like scorched bees–
they will yet discover honey
in a Yiddish word.

אַפּגעברענטע בינען

איר ווייסט אַפֿילו ניט
ווי גוט אונדז איז
די ייִדישע יתומים,
די, וואָס לייגן אויס די ווייטיקן
אויף ייִדיש
ווי ציגל צו אַ בנין אַ פֿאַרפֿאַלענעם,
אַ בנין
ווו מלאכים זינגען בייַ די ווענט
און דאָס געזאַנג דערגייט
צו הימלען.

איר ווייסט גאָרניט
ווי זיס
צו זינגען מיט אַ מלאך —
ניגונים רינגלען זיך אַליין אַרום
ווי אַפּגעברענטע בינען.
מען וועט נאָך אָפּגעפֿינען
האָניק
אין אַ ייִדיש וואָרט.

Wives of Yiddish Poets

by Khayim Leyb Fuks

The wives of departed Yiddish poets
carry the sorrow of their husbands' poems
in their eyes,
and from their lips
weeps the unsilenced sorrow
of unwritten poems.

They take small steps, very quietly,
so no one will hear the pain
that hums in them like the melody of a song,
like one from an unborn child.

At their doorways
or their sad stairs,
the world stands ashamed,
as if behind black crepe,
and gazes at them with closed eyes.

Only the night, itself like a poem,
speaks to them with the quietest words,
under its breath,
and produces for them
the tones of unwritten poems
by their husbands,
the prematurely silenced Yiddish poets.

פֿרויען פֿון יִדישע פּאָעטן

די פֿרויען פֿון אַוועקגעגאַנגענע יִדישע פּאָעטן
טראָגן דעם טרויער פֿון זייערע מענערס לידער
אין די אויגן,
און פֿון זייערער דינע ליפּן.
וויינט אַראָפּ נישט־געשטילטער צער
פֿון נישט־געשריבענע לידער.

שמאָל איז זייער גאַנג און שטילער פֿון שטיל,
קיינער זאָל נישט הערן דעם וויי,
וואָס זומט אין זיי ווי דער ניגון פֿון אַ ליד,
ווי אַ קינד, אַ נישט־געבוירנס.

בײַ זייערע שוועלן,
בײַ זייערע אומעטיקע טרעפּ,
שטייט די וועלט אַ פֿאַרשעמטע,
ווי הינטער אַ שוואַרצער קרעפּ,
און בליקט צו זיי מיט צוגעמאַכטע וויִעס.

בלויז די נאַכט, אַליין ווי אַ ליד,
רעדט צו זיי די שטילסטע ווערטער
מיט אירע צוגעמאַכטע מײַלער
און ברענגט פֿאַר זיי אַרויף
די טענער
פֿון נישט געשריבענע לידער
פֿון זייערע מענער —
די פֿרי פֿאַרשטומטע יִדישע פּאָעטן...

The Yiddish Words From Your Mouth *by Polia Shapiro*

The Yiddish words from your mouth
flutter out like a dove,
soulfully gentle
and full of charm.
Once upon a time, a purified tear
rose up to the heavens above.
O dear friend of mine!

The Yiddish words from your mouth
blossom on the shore
of silvery pure waters,
or sometimes grow
in songs and stories.
O dear friend of mine!

The Yiddish words from your mouth
are not just words–
they are anger, sorrow, and tears,
and the laughter
of little children.
Through you,
a generation speaks from the grave
the words it did not get to speak.
O dear friend of mine!

דאָס ייִדישע וואָרט פֿון דײַן מויל

דאָס ייִדישע וואָרט פֿון דײַן מויל
פֿלאַטערט אַרויס ווי אַ טויב,
נשמהדיק צאַרט
און פֿול מיט זיבן חנען.
אַמאָל אַ געלײַטערטע טרער
צו די הימלען טוט זיך אַ הייב,
אָ, חבֿרטע מײַנע.

דאָס ייִדישע וואָרט אין דײַן מויל, ווי אַ קוויט
בײַ ברעגעס
פֿון וואַסערן זילבערדיק ריינע –
אַמאָל וואַקסט עס אויס
"אין פּאָליש אויף דער קייט",
אין אַ לאַץ פֿונעם "דאָרפֿס־יונג" אַמאָל,
אָ, חבֿרטע מײַנע.

דאָס ייִדישע וואָרט אין דײַן מויל
איז נישט נאָר אַ וואָרט בלויז –
ס'איז צאָרן, ס'איז טרויער,
געוויין און געלעכטער
פֿון קינדערלעך קליינע.
דורך דיר
אַ דור רעדט פֿון קבֿר
די ווערטער וואָס ער האָט ניט דערזאָגט,
אָ חבֿרטע מײַנע.

About the Authors

Adler, Yankev (1874-1974) was born in Dinow, Galicia and immigrated to the United States when he was 16. He published in *Forverts* and numerous other magazines and newspapers.

Almi, A. (pseudonym of Eliyahu-Khayim Sheps) (1892-1963) was born in Warsaw, Poland and immigrated to the United States at twenty. He was a staff member of *Tageblatt* and other newspapers.

Balaban-Wolkowitz, Shoshana (1951-) was born in Buenos Aires, and moved to New York in 1985. She has written several books of poetry and contributed to many Yiddish journals. She was Managing Editor of *Yidishe Kultur* from 1999 to 2005.

Baron, A.L. (Aaron-Leyb) (1888-1958) was born in Kaleylishok, Lithuania. He immigrated to New York at age 18.

Basman Ben-Haim, Rivka (1925-) was born in Vilkomir, Lithuania. Freed from concentration camps in 1945, she became involved in organizing illegal immigration to Israel, for which she soon departed. She has published many books of poetry and received the Manger prize in 1984.

Bialik, Khayim Nakhman (1873-1934) was born in Radi, White Russia. Although considered the great national poet of Hebrew, he also wrote a limited amount of Yiddish poetry. He immigrated to then Palestine (now Israel) in 1924.

Bialostotsky, Benyomen Yankev (1893-1962) was born in Pumpian, Russia. He immigrated to Germany at age 17, and a year later to the United States. He taught in the Workmen's Circle shuln, co-founded the children's magazine *Di Kinder Velt,* and was on the staff of *Forverts.* His poetry was often devoted to the poverty and sadness of immigrant life on the Lower East Side, and several of his poems were set to music.

Birnbaum, Soreh (1910-1978) was born in Lodz, Poland and immigrated to Argentina at age 27.

Chenstokhovsky, Shoshana (1898-1968) was born in Chenstokhov, Poland, and immigrated to Israel at age 26.

Dropkin, Tsilye (1888-1956) was born in Kiev, Ukraine, and immigrated to the United States at age 24. Her poetry was characterized by intense feeling and was often about being a mother, a wife, or a lover. She is considered one of the great women Yiddish poets.

Emyot, Yisroel (1909-1978) was born in Ostrow-Mazowiecki, Poland. He escaped to Russia ahead of the Nazis and in1948 he was arrested and sent to a Siberian labor camp. After Stalin's death in 1952, he made his way to the United States.

Eynhorn, Dovid (1186-1973) was born in Karelitz, Polish Lithuania. He immigrated to France and lived in various places in Europe before finally settling in New York when he was 54.

Fishman, Rokhl (1935-1984) was born in Philadelphia, Pennsylvania. She died at the early age of forty-nine, in Israel, to which she had immigrated at age 19.

Fishman, Gella Schweid (1925-) was born in New York City. She taught in various Yiddish-secular schools and developed an experimental program to teach Yiddish in Modern Orthodox synagogues, and founded the Archive of Secular Yiddish Schools of North America at Stanford University.

Fuks, Khayim Leyb (1897-1984) was born in Lodz, Poland. He wrote poems, stories, essays, and reviews, and he emigrated to the United States in 1953.

Galin, Rivka (1890-1935) was Born in Lekhevich, White Russia and immigrated to the United States at age 17.

Glants-Leyeles, Aaron (1889-1966) was born in Vlotshavek, Poland and immigrated to London age 16, and four years later to the United States. He often wrote about the sights and sounds of New York. He was the chief theoretician of the *Inzikhistn,* and battled for poetry that expressed rhythmically disciplined thought and feeling.

Glatshteyn, Yankev (1896-1971) was born in Lublin, Poland. At the age of 20 he immigrated to New York where he, Minkoff and Aaron Glants-Leyeles published the *In Zikh* manifesto. As the clouds of World War II gathered, Glatshteyn published his poetic masterpiece, *Good-Night World,* in which he denounced secular European culture. He is universally considered one of the two or three greatest Yiddish poets.

Gottesman-Schaechter, Beyle (1920-) was born in Vienna, Austria. During World War II she was confined for some time in the ghetto in Czernowitz. Later she moved to Budapest and Vienna, and then to the United States, in 1951. In 1999 she was awarded the People's Hall of Fame Award from the Museum of the City of New York.

Grade, Khayim (1910-1982) was born in Vilna, Lithuania. In his youth, he was a member of the *Musr* movement, whose ideal was spiritual purity and who despised the pursuit of beauty. During the War he escaped to Russia and later immigrated to the United States.

Greenberg, Eliezer (1896-1977) was born in Lipkan, Bessarabia and immigrated to the United States at age 16. The tragedy of the Holocaust was reflected in his angry poems, but later he entered a more lyrical, meditative period. He was coeditor of *Gestaltn,* a literary journal that published the works of most of the major Yiddish writers of his time.

Halkin, Shmuel (1897-1960) was born in Rogatshov, White Russia. His early poems were full of pessimistic, deeply nationalistic themes and the "proletarian writers" attacked him for his "reactionary approach." He translated Shakespeare's and Pushkin's dramatic works and wrote plays himself. He was arrested by the Soviets but was freed in 1948 because of severe heart disease, from which he died in 1960.

Halpern, Moyshe-Leyb (1886-1932) was born in Zlotshev, Galicia. At age of 22 he immigrated to the United States, where he lived in poverty. He wrote brilliant and often cynical and sarcastic poetry, which attracted critical attention, and he was called the most original and one of the greatest Yiddish poets. His sudden death at the age of forty-six provoked a worldwide outpouring of grief.

Heifetz-Tussman, Malke (1896-1987) was born in a little village in Volin (White Russia). She immigrated to the United States at the age of 16.

Hirschfeld-Pomerantz, Pessi (1900-1978) was born in Kamenbrod, White Russia and immigrated to the United States at age 13.

Kholodenko, Shifra (1902-1974) was born in Yasnogorod, Russia.

Kliger, Kehos (1904-1985) was born in Vladimir-Volinsk, White Russia and immigrated to Argentina when he was 32. He wrote ballads about the Pampas and about prostitutes, vagabonds, and chimney-sweeps, and also nostalgic poems about his birthplace.

Kling, Berta (1885-1978) was born in Nevaredok, White Russia and immigrated first to Berlin, at age 13, and then to New York.

Kopilowicz-Hoffman, Leah (1898-1952) was born in Vorklan, White Russia. She immigrated to London at age 12, and then to New York.

Korn, Rokhl (1898-1982) was born in Podliski, Galicia. She wrote her early poems in Polish, but started writing in Yiddish as World War II loomed. When the War broke out, she fled to Soviet Asia, then immigrated to Canada. Her poems there were calmer and often quite sensuous, but she never lost the sadness, silence, and shadows of her past. She is generally acknowledged to be one of the great Yiddish poets.

Kulbak, Moyshe (1896-1940) was born in Smargon, Lithuania. His early career was in Kovno, Vilna, and Berlin, but in 1928 he moved to Minsk and became a member of the "Minsk Group." His early prose was highly influenced by German Expressionism, and his poetry was originally filled with the joy of life, but was soon coerced into the mold of Soviet-style "Socialist Realism." Eventually he was arrested and sent to a Soviet prison camp, where he died at age 44.

Landoy, Zisho (1889-1937) was born in Plotsk, Poland and immigrated to the United States at age 17, already a talented poet. He soon developed a unique style that blended exaltation and irony, believing that life was a play of shadows. He was a pillar of *Di Yunge.*

Mani Leyb (pseudonym of Mani Leyb Halperin) (1883-1953) was born in Niezhin, Ukraine. He immigrated to London at the age 21, and to the United States a year later, where he lived in New York in hardship and poverty. He was one of the stalwarts of *Di Yunge* and is considered perhaps the greatest folk-poet in Yiddish.

Liessin, Avrom (pseudonym of Abraham Walt) (1872-1938) was born in Minsk, White Russia and immigrated to New York at age 24. His earliest poems were often recited and sung before they were published. He was the author of the Workmen's Circle Hymn and was the long-time editor of *Di Zukunft*, then as now the most important Yiddish literary journal in the world.

Manger, Itsik (1901-1969) was born in Czernowitz, Bukovina (Rumania) and published his early poetry and ballads in various Yiddish journals in Russia. Manger was the last and greatest of the Yiddish troubadours. He also wrote poems about Biblical personages, often transmuted into contemporary figures; one of his most famous works is a poetic version of the *Megilla* of Esther. He immigrated to London when World War II broke out, then went to New York in 1951, and finally, in 1967, immigrated to Israel, where he died.

Margolin, Ana (pseudonym of Rosa Lebnsboim) (1887-1952) was born in Brisk, Lithuania. She immigrated to New York at age 19, but then began wandering – to London, Warsaw, Israel, back to Warsaw, New York, back to Warsaw, and finally to New York, where she died.

Miransky, Peretz (1908-1993) was born in Vilna, Lithuania. He became a member of *Yung Vilna* in 1934. After spending much of the War in Soviet Central Asia, he immigrated to Canada in 1946. There he published several volumes of brilliant poetic fables, as well as other poems.

Mlotek, Yosl (pseudonym of Yosl Hamer) (1918-2000) was born in Prosziewice, Poland. He escaped to Shanghai during the War, then immigrated to Canada and finally to the United States in 1949. He edited Workmen's Circle journals and wrote essays and poetry in Yiddish and was a long-time contributor to *Forverts* and coeditor from 1998 to the time of his death. He also edited (together with his wife, Khane) three anthologies of Yiddish songs.

Molodowsky, Kadia (1894-1975) was born in Kartuz-Bereze, Lithuania. Her life in Yiddish literature took her from Poland to the Soviet Union, the United States, and Israel. She made lasting contributions to the short story, the novel, the essay, and children's literature. In the United States she founded and edited the journal *Svive* (Community).

Ravitsh, Melekh (1893-1976) was born in Redom, Galicia. From the age of 14, he led a life of rootless wandering through five continents; he finally settled in Montreal in his fifties. He published more than a dozen volumes of Yiddish poetry. Ravitsh was also a major chronicler of Yiddish literature.

Reisen, Avrom (1876-1953) was born in Kaidanov, Lithuania, from where he wandered through Kovno, Cracow, Warsaw, and finally settled in New York. He was one of the greatest and most beloved of Yiddish folk poets.

Rolnik, Yoysef (1879-1955) was born in Zhukovitsh, White Russia and immigrated to the United States at age 20 and led a life of severe poverty and hard work. However, he did not embrace then-prevailing trends of labor-oriented and Socialist Yiddish poetry but published poems, often quite short, of moods, impressions, and nostalgia for the rustic vistas of his youth. He was not part of any literary group, but was considered by *Di Yunge* as one of their forerunners.

Segal, Yankev Yitskhok (1896-1954) was born in Solobkovitz, White Russia and immigrated to Montreal at age 15. He published more than a dozen volumes of prose and poetry. The mournful refrain of the fading of beauty and traditions of Yiddish life is echoed through much of his work.

Shapiro, Polia. No biographical information is available.

Sharkansky, Avrom Mikhl (1869-1907) was born in Lubava, White Russia and immigrated to the United States in 1890. He was both a poet and playwright.

Shmulewitz, Shloyme (1868-1943) was born in Pinsk, White Russia and immigrated to the United States at age 23 and settled in New York. He became renowned for his poem (later set to music) *A Brivele Der Mamen* (A Letter to Your Mother).

Shtiker, Meyer (1905-1983) was born in Bobrka, Galicia and immigrated to the United States at age 30. He was editor at *Morgn-Zhurnal, Tog-Morgn-Zhurnal* and *Forverts.*

Shtok, Fradl (1890-1930) was born in Skala, Galicia and immigrated to the United States at age 17 and settled in New York.

Shtuker-Paiuk, Masha (1914-1988) was born in Kartuz-Beneze, near Grodno, White Russia and immigrated to Argentina at age 11, with her parents.

Shumiatsher, Esther (1899-1985) was born in Homel, White Russia and immigrated to Canada at age 16. She married the Yiddish author Peretz Hirshbein and wandered with him through various countries.

Siegel, Esther (1895-1974) was born in Solobkovitz, White Russia and immigrated to Montreal when she was 15.

Sutzkever, Avrom (1913-) was born in Smargon, Lithuania. He became a member of the literary group Yung Vilna, of which he is now (2005) the last survivor. During World War II, he was initially in the Vilna ghetto, where he and Shmerke Kaczerginski managed to save much of the literary treasure of the city by burying it in metal cans. He then became a partisan in the Narotsh forest near Vilna. During that period he wrote several classic Holocaust poems, such as *Golda* and *Di Lererin Mira* (The Teacher Mira). In 1947 he immigrated to Israel, where for several decades he was the editor of the great literary journal *Di Goldene Keyt* and received the Manger prize. He is universally recognized as one of the great Yiddish poets.

TEITELBOIM, DORA (1914-1992) was born in Brisk, Lithuania and immigrated to the United States at age 18, to France at age 36, and finally to Israel at age 58. She published prolifically in Yiddish (10 volumes); her poetry was rich in ideas, colorful, and highly moral.

TSEYTLIN, AARON (1898-1973) was born in Uvarovitshi, White Russia and ended up in New York where he was stranded During World War II during a visit. He was a religious poet and was steeped in Kabbala and Jewish mysticism. He wrote many books and plays in addition to his poems, on topics ranging from the Baal Shem to modern-day Israel.

ULINOVER, MIRIAM (1890-1944) was born in Lodz, Poland. She came from a very religious background, and remained deeply observant. She published only two books of poetry before she was sent to the Auschwitz concentration camp, where she died at the age of 54. She is considered one of the great Yiddish poets.

VARSHAVSKI, MARK (1848-1907) was born in Odem, Ukraine. He was a troubadour, writing and performing humorous songs and couplets, which he often set to his own melodies. Many of his compositions, such as the famous and classic *Oyfn Pripetshik* (In the Hearth) and *Tayere Malke* (Malke, My Darling), often went uncredited.

VEPRINSKI, RASHEL (1895-1981) was born in Ivankov, Ukraine and immigrated to the United States at age 12.

VINTSHEVSKI, MORRIS (1855-1932) was born near Kovno, Lithuania. He became an adherent of Socialism early in life and was arrested for political activity in Germany and deported to England, where he spent the next 15 years. His first volume of "proletarian poetry" appeared when he was 30 and became immensely popular. He immigrated to the United States at 39.

YEHOYESH (pseudonym of Solomon Bloomgarden) (1872-1927) was born in Virbaln, Russia and immigrated to the United States at age 18. He produced poems on many themes and was described by the critic Zalmen Reisen as "the poet of ideas and of color, rhythms, and tones." For the last 10 years of his life, Yehoyesh devoted himself to creating his masterpiece, the translation of the Hebrew Bible into Yiddish.

ZARETSKY, HINDA (1899-2002) was born in Petrikov, White Russia and immigrated to the United States as a teenager.

ZYCHLINSKY, RAJZEL (1910-2002) was born in Gombin, Poland. She spent the war years in Soviet Central Asia, where her son was born, and immigrated to New York later. Her poems empathize with the loveliness of all that is; her Holocaust poetry is emotional, profound, universal, and elegant. She published seven volumes of poetry and received the Manger prize in 1975.